Schnitzler | Lieutenant Gustl

Reclam XL | Text und Kontext

Arthur Schnitzler
Lieutenant Gustl

Novelle

Herausgegeben von Sabine Wolf

Reclam

Der Text dieser Ausgabe ist seiten- und zeilengleich mit der Ausgabe der Universal-Bibliothek Nr. 18156. Er wurde auf der Grundlage der gültigen amtlichen Rechtschreibregeln orthographisch behutsam modernisiert.

Zu diesem Text gibt es eine Interpretationshilfe: Arthur Schnitzler, Lieutenant Gustl. Lektüreschlüssel XL (Nr. 15512)

Reclam XL | Text und Kontext | Nr. 16146
2013, 2022 Philipp Reclam jun. Verlag GmbH,
Siemensstraße 32, 71254 Ditzingen
info@reclam.de
Durchgesehene Ausgabe 2022
Druck und Bindung: Elanders Waiblingen GmbH,
Anton-Schmidt-Straße 15, 71332 Waiblingen
Printed in Germany 2025
RECLAM ist eine eingetragene Marke
der Philipp Reclam jun. GmbH & Co. KG, Stuttgart
ISBN 978-3-15-016146-3
reclam.de

Die Reihe bietet neben dem Text Worterläuterungen in Form von Fußnoten und Sacherläuterungen in Form von Anmerkungen im Anhang, auf die am Rand mit Pfeilen (↗) verwiesen wird. Quellen im Anhang werden mit dem Zeichen Q kenntlich gemacht.

Inhalt

Lieutenant Gustl   7

Anhang

1. Zur Textgestalt   49
2. Anmerkungen   50
3. Leben und Zeit   53
4. Die k. u. k. Doppelmonarchie Österreich-Ungarn und das Fin de siècle   57
5. »Das ist nicht schlecht, jetzt bin ich gar im Prater …« – Lieutenant Gustls Weg durch Wien   59
6. »Habe die Ehre, Herr Lieutenant …« – Der Ehrbegriff bei *Lieutenant Gustl*   62
7. »… da pfeif' ich auf'n ganzen Antisemitismus!« – Antisemitische Entwicklungen in Militär und Gesellschaft   66
8. *Lieutenant Gustl*: Künstlerische Freiheit oder literarische Perversität?   68
9. »Dich hau' ich zu Krenfleisch!« – Das Duell als Mittel zur Sühne?   71
10. Literaturhinweise   77

·LIEUTENANT GUSTL·
von
·ARTHUR SCHNITZLER·

·JLLUSTRIRT von M.COSCHELL·

Titelabbildung der ersten Buchausgabe des *Lieutenant Gustl* bei S. Fischer (1901)
Illustration von Moritz Coschell, 1900/01

Wie lang wird denn das noch dauern? Ich muss auf die
Uhr schauen ... schickt sich wahrscheinlich nicht in einem
so ernsten Konzert. Aber wer sieht's denn? Wenn's einer
sieht, so passt er gerade so wenig auf, wie ich, und vor dem
brauch' ich mich nicht zu genieren ... Erst viertel auf
zehn? ... Mir kommt vor, ich sitz' schon drei Stunden in
dem Konzert. Ich bin's halt nicht gewohnt ... Was ist es
denn eigentlich? Ich muss das Programm anschauen ... Ja,
richtig: Oratorium! Ich hab' gemeint: Messe. Solche Sachen
gehören doch nur in die Kirche! Die Kirche hat auch das
Gute, dass man jeden Augenblick fortgehen kann. – Wenn
ich wenigstens einen Ecksitz hätt'! – Also Geduld, Geduld!
Auch Oratorien nehmen ein End'! Vielleicht ist es sehr
schön, und ich bin nur nicht in der Laune. Woher sollt' mir
auch die Laune kommen? Wenn ich denke, dass ich herge-
kommen bin, um mich zu zerstreuen ... Hätt' ich die Karte
lieber dem Benedek geschenkt, dem machen solche Sachen
Spaß; er spielt ja selber Violine. Aber da wär' der Kopetzky
beleidigt gewesen. Es war ja sehr lieb von ihm, wenigstens
gut gemeint. Ein braver Kerl, der Kopetzky! Der einzige,
auf den man sich verlassen kann ... Seine Schwester singt ja
mit unter denen da oben. Mindestens hundert Jungfrauen,
alle schwarz gekleidet; wie soll ich sie da herausfinden?
Weil sie mitsingt, hat er auch das Billet gehabt, der Kopetzky ... Warum ist er denn nicht selber gegangen? – Sie sin-
gen übrigens sehr schön. Es ist sehr erhebend – sicher! Bravo! bravo! ... Ja, applaudieren wir mit. Der neben mir
klatscht wie verrückt. Ob's ihm wirklich so gut gefällt? –
Das Mädel drüben in der Loge ist sehr hübsch. Sieht sie
mich an oder den Herrn dort mit dem blonden Vollbart? ...

---

2 **schickt sich:** gehört sich | 5 **genieren:** schämen | 5 f. **viertel auf zehn:** 21.45 Uhr |
24 **Billet:** Eintrittskarte

Ah, ein Solo! Wer ist das? Alt: Fräulein Walker, Sopran: Fräulein Michalek ... das ist wahrscheinlich Sopran ... Lang' war ich schon nicht in der Oper. In der Oper unterhalt' ich mich immer, auch wenn's langweilig ist. Übermorgen könnt' ich eigentlich wieder hineingeh'n, zur »Traviata«. Ja, übermorgen bin ich vielleicht schon eine tote Leiche! Ah, Unsinn, das glaub' ich selber nicht! Warten S' nur, Herr Doktor, Ihnen wird's vergeh'n, solche Bemerkungen zu machen! Das Nasenspitzel hau' ich Ihnen herunter ...

Wenn ich die in der Loge nur genau sehen könnt'! Ich möcht' mir den Operngucker von dem Herrn neben mir ausleih'n, aber der frisst mich ja auf, wenn ich ihn in seiner Andacht stör' ... In welcher Gegend die Schwester vom Kopetzky steht? Ob ich sie erkennen möcht'? Ich hab' sie ja nur zwei oder drei Mal gesehen, das letzte Mal im Offizierskasino ... Ob das lauter anständige Mädeln sind, alle hundert? O jeh! ... »Unter Mitwirkung des Singvereins«! – Singverein ... komisch! Ich hab' mir darunter eigentlich immer so was Ähnliches vorgestellt, wie die Wiener Tanzsängerinnen, das heißt, ich hab' schon gewusst, dass es was anderes ist! ... Schöne Erinnerungen! Damals beim »Grünen Tor« ... Wie hat sie nur geheißen? Und dann hat sie mir einmal eine Ansichtskarte aus Belgrad geschickt ... auch eine schöne Gegend! – Der Kopetzky hat's gut, der sitzt jetzt längst im Wirtshaus und raucht seine Virginia! ...

Was guckt mich denn der Kerl dort immer an? Mir scheint, der merkt, dass ich mich langweil' und nicht herg'hör ... Ich möcht' Ihnen raten, ein etwas weniger freches Gesicht zu machen, sonst stell' ich Sie mir nachher im Foyer! – Schaut schon weg! ... Dass sie alle vor meinem Blick so eine Angst hab'n ... »Du hast die schönsten Augen, die mir je vorgekommen sind!« hat neulich die Steffi gesagt ... O Steffi, Steffi, Steffi! – Die Steffi ist eigentlich schuld, dass ich dasitz' und mir stundenlang vorlamentie-

---

5 f. »**Traviata«:** *La Traviata*, Oper von Giuseppe Verdi | 11 **Operngucker:** Opernglas | 21 f. »**Grünen Tor«:** Gasthaus im Wiener Bezirk Josefstadt | 29 **stell' ich Sie mir:** stelle ich Sie zur Rede | 34 f. **vorlamentieren:** vorjammern

ren lassen muss. – Ah, diese ewige Abschreiberei von der Steffi geht mir wirklich schon auf die Nerven! Wie schön hätt' der heutige Abend sein können. Ich hätt' große Lust, das Brieferl von der Steffi zu lesen. Da hab' ich's ja. Aber wenn ich die Brieftasche herausnehm', frisst mich der Kerl daneben auf! – Ich weiß ja, was drinsteht ... sie kann nicht kommen, weil sie mit »ihm« nachtmahlen gehen muss. ... Ah, das war komisch vor acht Tagen, wie sie mit ihm in der Gartenbaugesellschaft gewesen ist, und ich vis-à-vis mit'm Kopetzky; und sie hat mir immer die Zeichen gemacht mit den Augerln, die verabredeten. Er hat nichts gemerkt – unglaublich! Muss übrigens ein Jud' sein! Freilich, in einer Bank ist er, und der schwarze Schnurrbart ... Reservelieutenant soll er auch sein! Na, in mein Regiment sollt' er nicht zur Waffenübung kommen! Überhaupt, dass sie noch immer so viel Juden zu Offizieren machen – da pfeif ich auf'n ganzen Antisemitismus! Neulich in der Gesellschaft, wo die G'schicht' mit dem Doktor passiert ist bei den Mannheimers ... die Mannheimer selber sollen ja auch Juden sein, getauft natürlich ... denen merkt man's aber gar nicht an – besonders die Frau ... so blond, bildhübsch die Figur ... War sehr amüsant im Ganzen. Famoses Essen, großartige Zigarren ... Na ja, wer hat's Geld? ...

Bravo, bravo! Jetzt wird's doch bald aus sein? – Ja, jetzt steht die ganze G'sellschaft da droben auf ... sieht sehr gut aus – imposant! – Orgel auch? ... Orgel hab' ich sehr gern ... So, das lass' ich mir g'falln – sehr schön! Es ist wirklich wahr, man sollt' öfter in Konzerte gehen ... Wunderschön ist's g'wesen, werd' ich dem Kopetzky sagen ... Werd' ich ihn heut' im Kaffeehaus treffen? – Ah, ich hab' gar keine Lust, in's Kaffeehaus zu geh'n; hab' mich gestern so gegiftet! Hundertsechzig Gulden auf einem Sitz verspielt – zu dumm! Und wer hat alles gewonnen? Der Ballert, grad' der, der's nicht notwendig hat ... Der Ballert ist eigentlich

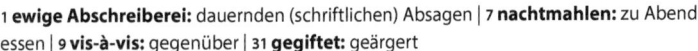

1 **ewige Abschreiberei:** dauernden (schriftlichen) Absagen | 7 **nachtmahlen:** zu Abend essen | 9 **vis-à-vis:** gegenüber | 31 **gegiftet:** geärgert

schuld, dass ich in das blöde Konzert hab' geh'n müssen …
Na ja, sonst hätt' ich heut' wieder spielen können, vielleicht
doch was zurückgewonnen. Aber es ist ganz gut, dass ich mir
selber das Ehrenwort gegeben hab', einen Monat lang keine
Karte anzurühren … Die Mama wird wieder ein G'sicht ma-   5
chen, wenn sie meinen Brief bekommt! – Ah, sie soll zum
Onkel geh'n, der hat Geld wie Mist; auf die paar hundert
Gulden kommt's ihm nicht an. Wenn ich's nur durchsetzen
könnt', dass er mir eine regelmäßige Sustentation gibt …
aber nein, um jeden Kreuzer muss man extra betteln. Dann   10
heißt's wieder: Im vorigen Jahr war die Ernte schlecht! …
Ob ich heuer im Sommer wieder zum Onkel fahren soll auf
vierzehn Tag'? Eigentlich langweilt man sich dort zum Sterben … Wenn ich die … wie hat sie nur geheißen? … Es ist
merkwürdig, ich kann mir keinen Namen merken! … Ah, ja: 15
Etelka! … Kein Wort deutsch hat sie verstanden, aber das
war auch nicht notwendig … hab' gar nichts zu reden brauchen! … Ja, es wird ganz gut sein, vierzehn Tage Landluft
und vierzehn Nächt' Etelka oder sonstwer … Aber acht Tag'
sollt' ich doch auch wieder beim Papa und bei der Mama   20
sein … Schlecht hat sie ausg'seh'n heuer zu Weihnachten …
Na, jetzt wird die Kränkung schon überwunden sein. Ich an
ihrer Stelle wär' froh, dass der Papa in Pension gegangen ist.
– Und die Klara wird schon noch einen Mann kriegen …
Der Onkel kann schon was hergeben … Achtundzwanzig   25
Jahr', das ist doch nicht so alt … Die Steffi ist sicher nicht
jünger … Aber es ist merkwürdig: d i e Frauenzimmer erhalten sich länger jung. Wenn man so bedenkt: die Maretti
neulich in der »Madame Sans-Gêne« – siebenunddreißig
Jahr ist sie sicher, und sieht aus … Na, ich hätt' nicht nein   30
g'sagt! – Schad', dass sie mich nicht g'fragt hat …

Heiß wird's! Noch immer nicht aus? Ah, ich freu' mich
so auf die frische Luft! Werd' ein bissl spazieren geh'n,
über'n Ring … Heut' heißt's: früh in's Bett, morgen Nach-

---

9 **Sustentation:** Unterhalt, Unterstützung | 12 **heuer:** dieses Jahr | 29 »**Madame Sans-
Gêne**«: Komödie (1893) von Victorien Sardou (1831–1908) und Émile Moreau (1852–
1922) | 34 **Ring:** die Wiener Ringstraße

mittag frisch sein! Komisch, wie wenig ich daran denk', so
egal ist mir das! Das erste Mal hat's mich doch ein bissl auf-
geregt. Nicht, dass ich Angst g'habt hätt'; aber nervos bin
ich gewesen in der Nacht vorher … Freilich, der Oberlieu-
tenant Bisanz war ein ernster Gegner. – Und doch, nichts
ist mir g'scheh'n! … Auch schon anderthalb Jahr' her. Wie
die Zeit vergeht! Und wenn mir der Bisanz nichts getan
hat, der Doktor wird mir schon gewiss nichts tun! Obzwar,
gerade diese ungeschulten Fechter sind manchmal die ge-
fährlichsten. Der Doschintzky hat mir erzählt, dass ihn ein
Kerl, der das erste Mal einen Säbel in der Hand gehabt hat,
auf ein Haar abgestochen hätt'; und der Doschintzky ist
heut' Fechtlehrer bei der Landwehr. Freilich – ob er damals
schon so viel können hat … Das Wichtigste ist: kaltes Blut.
Nicht einmal einen rechten Zorn hab' ich mehr in mir, und
es war doch eine Frechheit – unglaublich! Sicher hätt' er
sich's nicht getraut, wenn er nicht Champagner getrunken
hätt' vorher … So eine Frechheit! Gewiss ein Sozialist! Die
Rechtsverdreher sind doch heutzutag' alle Sozialisten! Eine
Bande … am liebsten möchten sie gleich 's ganze Militär
abschaffen; aber wer ihnen dann helfen möcht', wenn die
Chinesen über sie kommen, daran denken sie nicht. Blödis-
ten! – Man muss gelegentlich ein Exempel statuieren. Ganz
recht hab' ich g'habt. Ich bin froh, dass ich ihn nimmer
auslassen hab' nach der Bemerkung. Wenn ich dran denk',
werd' ich ganz wild! Aber ich hab' mich famos benom-
men; der Oberst sagt auch, es war absolut korrekt. Wird
mir überhaupt nützen, die Sache. Ich kenn' manche, die
den Burschen hätten durchschlüpfen lassen. Der Müller sicher, der wär' wieder objektiv gewesen oder so was. Mit
dem Objektivsein hat sich noch jeder blamiert … »Herr
Lieutenant!« … schon die Art, wie er »Herr Lieutenant«
gesagt hat, war unverschämt! … »Sie werden mir doch zugeben müssen« … – Wie sind wir denn nur d'rauf gekom-

---

22 f. **Blödisten:** dumme Menschen | 26 **famos:** glänzend

men? Wieso hab' ich mich mit dem Sozialisten in ein Gespräch eingelassen? Wie hat's denn nur angefangen? ... Mir scheint, die schwarze Frau, die ich zum Buffet geführt hab', ist auch dabei gewesen ... und dann dieser junge Mensch, der die Jagdbilder malt – wie heißt er denn nur? ... Meiner 5 Seel', der ist an der ganzen Geschichte schuld gewesen! Der hat von den Manövern geredet; und dann erst ist dieser Doktor dazugekommen und hat irgendwas g'sagt, was mir nicht gepasst hat, von Kriegsspielerei oder so was – aber wo ich noch nichts hab' reden können ... Ja, und dann ist 10 von den Kadettenschulen gesprochen worden ... ja, so war's ... und ich hab' von einem patriotischen Fest erzählt ... und dann hat der Doktor gesagt – nicht gleich, aber aus dem Fest hat es sich entwickelt – »Herr Lieutenant, Sie werden mir doch zugeben, dass nicht alle Ihre Ka- 15 meraden zum Militär gegangen sind, ausschließlich um das Vaterland zu verteidigen!« So eine Frechheit! Das wagt so ein Mensch einem Offizier in's Gesicht zu sagen! Wenn ich mich nur erinnern könnt', was ich d'rauf geantwortet hab'? ... Ah ja, etwas von Leuten, die sich in Dinge drein- 20 mengen, von denen sie nichts versteh'n ... Ja, richtig ... und dann war einer da, der hat die Sache gütlich beilegen wollen, ein älterer Herr mit einem Stockschnupfen ... Aber ich war zu wütend! Der Doktor hat das absolut in dem Ton gesagt, als wenn er direkt mich gemeint hätt'. Er hätt' nur 25 noch sagen müssen, dass sie mich aus dem Gymnasium hinausg'schmissen haben und dass ich deswegen in die Kadettenschul' gesteckt worden bin ... Die Leut' können eben unserein'n nicht versteh'n, sie sind zu dumm dazu ... Wenn ich mich so erinner', wie ich das erste Mal den Rock ange- 30 habt hab', so was erlebt eben nicht ein jeder ... Im vorigen Jahr' bei den Manövern – ich hätt' was drum gegeben, wenn's plötzlich Ernst gewesen wär' ... Und der Mirovic hat mir g'sagt, es ist ihm ebenso gegangen. Und dann, wie

---

23 **Stockschnupfen:** starker, hartnäckiger Schnupfen | 30 **Rock:** hier: Uniform

Seine Hoheit die Front abgeritten sind, und die Ansprache vom Obersten – da muss Einer schon ein ordentlicher Lump sein, wenn ihm das Herz nicht höher schlägt ... Und da kommt so ein Tintenfisch daher, der sein Lebtag nichts
5 getan hat, als hinter den Büchern gesessen, und erlaubt sich eine freche Bemerkung! ... Ah, wart' nur, mein Lieber – bis zur Kampfunfähigkeit ... jawohl, Du sollst so kampfunfähig werden ...

Ja, was ist denn? Jetzt muss es doch bald aus sein? ...
10 »Ihr, seine Engel, lobet den Herrn« ... – Freilich, das ist der Schlusschor ... Wunderschön, da kann man gar nichts sagen. Wunderschön! – Jetzt hab' ich ganz die aus der Loge vergessen, die früher zu kokettieren angefangen hat. Wo ist sie denn? ... Schon fortgegangen ... Die dort scheint auch
15 sehr nett zu sein ... Zu dumm, dass ich keinen Operngucker bei mir hab'! Der Brunnthaler ist ganz gescheit, der hat sein Glas immer im Kaffeehaus bei der Kassa liegen, da kann einem nichts g'scheh'n ... Wenn sich die Kleine da vor mir nur e i n mal umdreh'n möcht'! So brav sitzt s' alleweil
20 da. Das neben ihr ist sicher die Mama. – Ob ich nicht doch einmal ernstlich an's Heiraten denken soll? Der Willy war nicht älter als ich, wie er hineingesprungen ist. Hat schon was für sich, so immer gleich ein hübsches Weiberl zu Haus vorrätig zu haben ... Zu dumm, dass die Steffi grad heut'
25 keine Zeit hat! Wenn ich wenigstens wüsste, wo sie ist, möcht' ich mich wieder vis-à-vis von ihr hinsetzen. Das wär' eine schöne G'schicht', wenn ihr der d'raufkommen möcht', da hätt' i c h sie am Hals ... Wenn ich so denk', was dem Fließ sein Verhältnis mit der Winterfeld kostet!
30 Und dabei betrügt sie ihn hinten und vorn. Das nimmt noch einmal ein Ende mit Schrecken ... Bravo, bravo! Ah, aus! ... So, das tut wohl, aufsteh'n können, sich rühren ... Na, vielleicht! Wie lang' wird der da noch brauchen, um sein Glas in's Futteral zu stecken? ...

---

4 **Tintenfisch:** abwertende Bezeichnung (wie »Schreiberling«) für einen Intellektuellen |
13 **kokettieren:** hier: flirten | 17 **Kassa:** Kasse | 34 **Futteral:** Schutzhülle, Etui

»Pardon, pardon, wollen mich nicht hinauslassen?« ...
Ist das ein Gedränge! Lassen wir die Leut' lieber vorbei-
passieren ... Elegante Person ... ob das echte Brillanten
sind? ... Die da ist nett ... Wie sie mich anschaut! ... O ja,
mein Fräulein, ich möcht' schon! ... O, die Nase! – Jüdin ...   5
Noch eine ... Es ist doch fabelhaft, da sind auch die Hälfte
Juden ... nicht einmal ein Oratorium kann man mehr in
Ruhe genießen ... So, jetzt schließen wir uns an ... Warum
drängt denn der Idiot hinter mir? Das werd' ich ihm abge-
wöhnen ... Ah, ein älterer Herr! ... Wer grüßt mich denn   10
dort von drüben? ... Habe die Ehre, habe die Ehre! Keine
Ahnung hab' ich, wer das ist ... Das Einfachste wär', ich
ging gleich zum Leidinger hinüber nachtmahlen ... oder soll
ich in die Gartenbaugesellschaft? Am End' ist die Steffi auch
dort? Warum hat sie mir eigentlich nicht geschrieben, wohin   15
sie mit ihm geht? Sie wird's selber noch nicht gewusst haben. Eigentlich schrecklich, so eine abhängige Existenz ...
Armes Ding! – So, da ist der Ausgang ... Ah, die ist aber
bildschön! Ganz allein? Wie sie mich anlacht. Das wär' eine
Idee, der geh' ich nach! ... So, jetzt die Treppen hinunter ...   20
Oh, ein Major von Fünfundneunzig ... Sehr liebenswürdig
hat er gedankt ... Bin doch nicht der einzige Offizier herin
gewesen ... Wo ist denn das hübsche Mädel? Ah, dort ... am
Geländer steht sie ... So, jetzt heißt's noch zur Garderobe ...
Dass mir die Kleine nicht auskommt ... Hat ihm schon! So   25
ein elender Fratz! Lasst sich da von einem Herrn abholen,
und jetzt lacht sie noch auf mich herüber! – Es ist doch keine was wert ... Herrgott, ist das ein Gedränge bei der Garderobe! ... Warten wir lieber noch ein bisserl ... So! Ob der
Blödist meine Nummer nehmen möcht'? ...   30
   »Sie, zweihundertvierundzwanzig! Da hängt er! Na,
hab'n Sie keine Augen? Da hängt er! Na, Gott sei Dank! ...
Also bitte!« ... Der Dicke da verstellt einem schier die ganze Garderobe ... »Bitte sehr!« ...

---

13 **Leidinger:** elegantes Restaurant im I. Bezirk | 21 **Major von Fünfundneunzig:**
Offizier des Regiments Nr. 95 | 25 **auskommt:** entwischt

» »Geduld, Geduld!« «

Was sagt der Kerl?

» »Nur ein bisserl Geduld!« «

Dem muss ich doch antworten ... »Machen Sie doch Platz!«

» »Na, Sie werden's auch nicht versäumen!« «

Was sagt er da? Sagt er das zu mir? Das ist doch stark! Das kann ich mir nicht gefallen lassen! »Ruhig!«

» »Was meinen Sie?« «

Ah, so ein Ton! Da hört sich doch alles auf!

» »Stoßen Sie nicht!« «

»Sie, halten Sie das Maul!« Das hätt' ich nicht sagen sollen, ich war zu grob ... Na, jetzt ist's schon g'scheh'n!

» »Wie meinen?« «

Jetzt dreht er sich um ... Den kenn' ich ja! – Donnerwetter, das ist ja der Bäckermeister, der immer in's Kaffeehaus kommt ... Was macht denn der da? Hat sicher auch eine Tochter oder so was bei der Singakademie ... Ja, was ist denn das? Ja, was macht er denn? Mir scheint gar ... ja, meiner Seel', er hat den Griff von meinem Säbel in der Hand ... Ja, ist der Kerl verrückt? ... »Sie, Herr ...«

» »Sie, Herr Lieutenant, sein S' jetzt ganz stad.« «

Was sagt er da? Um Gotteswillen, es hat's doch keiner gehört? Nein, er red't ganz leise ... Ja, warum lasst er denn meinen Säbel net aus? ... Herrgott noch einmal ... Ah, da heißt's rabiat sein ... ich bring' seine Hand vom Griff nicht weg ... nur keinen Skandal jetzt! ... Ist nicht am End' der Major hinter mir? ... Bemerkt's nur niemand, dass er den Griff von meinem Säbel hält? Er red't ja zu mir! Was red't er denn?

» »Herr Lieutenant, wenn Sie das geringste Aufsehen machen, so zieh' ich den Säbel aus der Scheide, zerbrech' ihn und schick' die Stück' an Ihr Regimentskommando. Versteh'n Sie mich, Sie dummer Bub?« «

22 **stad**: ruhig | 25 **aus**: los

Was hat er g'sagt? Mir scheint, ich träum'! Red't er wirklich zu mir? Ich sollt' was antworten … Aber der Kerl macht ja Ernst – der zieht wirklich den Säbel heraus. Herrgott – er tut's! … Ich spür's, er reißt schon dran! Was red't er denn? … Um Gotteswillen, nur kein' Skandal – – Was red't er denn noch immer?

» »Aber ich will Ihnen die Karriere nicht verderben … Also, schön brav sein! … So, hab'n S' keine Angst, 's hat niemand was gehört … es ist schon alles gut … so! Und damit keiner glaubt, dass wir uns gestritten haben, werd' ich jetzt sehr freundlich mit Ihnen sein! – Habe die Ehre, Herr Lieutenant, hat mich sehr gefreut – habe die Ehre!« «

Um Gotteswillen, hab' ich geträumt? … Hat er das wirklich gesagt? … Wo ist er denn? … Da geht er … Ich müsst' ja den Säbel ziehen und ihn zusammenhauen – – Um Gotteswillen, es hat's doch niemand gehört? … Nein, er hat ja nur ganz leise geredet, mir in's Ohr … Warum geh' ich denn nicht hin und hau' ihm den Schädel auseinander? … Nein, es geht ja nicht, es geht ja nicht … gleich hätt' ich's tun müssen … Warum hab' ich's denn nicht gleich getan? … Ich hab's ja nicht können … er hat ja den Griff nicht auslassen, und er ist zehnmal stärker als ich … Wenn ich noch ein Wort gesagt hätt', hätt' er mir wirklich den Säbel zerbrochen … Ich muss ja noch froh sein, dass er nicht laut geredet hat! Wenn's ein Mensch gehört hätt', so müsst' ich mich ja stante pede erschießen … Vielleicht ist es doch ein Traum gewesen … Warum schaut mich denn der Herr dort an der Säule so an? – hat der am End' was gehört? … Ich werd' ihn fragen … Fragen? – Ich bin ja verrückt! – Wie schau' ich denn aus? – Merkt man mir was an? – Ich muss ganz blass sein. – Wo ist der Hund? … Ich muss ihn umbringen! … Fort ist er … Überhaupt schon ganz leer … Wo ist denn mein Mantel? … Ich hab' ihn ja schon angezogen … Ich hab's gar nicht gemerkt … Wer hat mir denn gehol-

26 **stante pede:** »stehenden Fußes«, sofort

fen? ... Ah, der da ... dem muss ich ein Sechserl geben ...
So! ... Aber was ist denn das? Ist es denn wirklich gescheh'n? Hat wirklich einer so zu mir geredet? Hat mir
wirklich einer »dummer Bub« gesagt? Und ich hab' ihn
nicht auf der Stelle zusammengehauen? ... Aber ich hab' ja
nicht können ... er hat ja eine Faust gehabt wie Eisen ... ich
bin ja dagestanden wie angenagelt ... Nein, ich muss den
Verstand verloren gehabt haben, sonst hätt' ich mit der anderen Hand ... Aber da hätt' er ja meinen Säbel herausge-
zogen und zerbrochen, und aus wär's gewesen – Alles wär'
aus gewesen! Und nachher, wie er fortgegangen ist, war's
zu spät ... ich hab' ihm doch nicht den Säbel von hinten in
den Leib rennen können ...

Was, ich bin schon auf der Straße? Wie bin ich denn da
herausgekommen? – So kühl ist es ... ah, der Wind, der ist
gut ... Wer ist denn das da drüben? Warum schau'n denn
die zu mir herüber? Am End' haben die was gehört ...
Nein, es kann niemand was gehört haben ... ich weiß ja, ich
hab' mich gleich nachher umgeschaut! Keiner hat sich um
mich gekümmert, niemand hat was gehört ... Aber gesagt
hat er's, wenn's auch niemand gehört hat; gesagt hat er's
doch. Und ich bin dagestanden und hab' mir's gefallen lassen, wie wenn mich einer vor den Kopf geschlagen hätt'! ...
Aber ich hab' ja nichts sagen können, nichts tun können; es
war ja noch das Einzige, was mir übrig geblieben ist: stad
sein, stad sein! ... 's ist fürchterlich, es ist nicht zum Aus-
halten; ich muss ihn totschlagen, wo ich ihn treff'! ... Mir
sagt das einer! Mir sagt das so ein Kerl, so ein Hund! Und
er kennt mich ... Herrgott noch einmal, er kennt mich, er
weiß, wer ich bin! ... Er kann jedem Menschen erzählen,
dass er mir das g'sagt hat! ... Nein, nein, das wird er ja
nicht tun, sonst hätt' er auch nicht so leise geredet ... er hat
auch nur wollen, dass ich es allein hör'! ... Aber wer garan-
tiert mir, dass er's nicht doch erzählt, heut' oder morgen,

---

1 **Sechserl:** kleine Silbermünze | 13 **rennen:** rammen, stoßen

seiner Frau, seiner Tochter, seinen Bekannten im Kaffeehaus. – – Um Gotteswillen, morgen seh' ich ihn ja wieder!
Wenn ich morgen in's Kaffeehaus komm', sitzt er wieder
dort wie alle Tag' und spielt seinen Tapper mit dem Herrn
Schlesinger und mit dem Kunstblumenhändler ... Nein, 5
nein, das geht ja nicht, das geht ja nicht ... Wenn ich ihn
seh', so hau' ich ihn zusammen ... Nein, das darf ich ja
nicht ... gleich hätt' ich's tun müssen, gleich! ... Wenn's nur
gegangen wär'! ... Ich werd' zum Obersten gehn und ihm
die Sache melden ... ja, zum Obersten ... Der Oberst ist 10
immer sehr freundlich – und ich werd' ihm sagen: Herr
Oberst, ich melde gehorsamst, er hat den Griff gehalten, er
hat ihn nicht aus'lassen; es war genau so, als wenn ich ohne
Waffe gewesen wäre ... – Was wird der Oberst sagen? –
Was er sagen wird? – Aber da gibt's ja nur eins: quittieren 15
mit Schimpf und Schand' – quittieren! ... Sind das Freiwillige da drüben? ... Ekelhaft, bei der Nacht schau'n sie aus,
wie Offiziere ... sie salutieren! – Wenn die wüssten – wenn
die wüssten! ... – Da ist das Café Hochleitner ... Sind jetzt
gewiss ein paar Kameraden drin ... vielleicht auch einer 20
oder der andere, den ich kenn' ... Wenn ich's dem ersten
Besten erzählen möcht', aber so, als wär's einem andern
passiert? ... – Ich bin ja schon ganz irrsinnig ... Wo lauf'
ich denn da herum? Was tu' ich denn auf der Straße? – Ja,
aber wo soll ich denn hin? Hab' ich nicht zum Leidinger 25
wollen? Haha, unter Menschen mich niedersetzen ... ich
glaub', ein jeder müsst mir's anseh'n ... Ja, aber irgendwas
muss doch gescheh'n ... Was soll denn gescheh'n? ...
Nichts, nichts – es hat ja niemand was gehört ... es weiß ja
niemand was ... in dem Moment weiß niemand was ... 30
Wenn ich jetzt zu ihm in die Wohnung ginge und ihn be-
schwören möchte, dass er's niemandem erzählt? ... – Ah,
lieber gleich eine Kugel vor den Kopf, als so was! ... Wär'
so das Gescheiteste! ... Das Gescheiteste? Das Gescheites-

---

4 **Tapper:** skatähnliches Kartenspiel | 15 **quittieren:** den Dienst aufgeben

te? – Gibt ja überhaupt nichts anderes … gibt nichts anderes … Wenn ich den Oberst fragen möcht', oder den Kopetzky – oder den Blany – oder den Friedmaier – Jeder
möcht' sagen: Es bleibt Dir nichts anderes übrig! … Wie
5 wär's, wenn ich mit dem Kopetzky spräch'? … Ja, es wär'
doch das Vernünftigste … schon wegen morgen … Ja, natürlich – wegen morgen … um vier in der Reiterkasern' …
ich soll mich ja morgen um vier Uhr schlagen … und ich
darf's ja nimmer, ich bin satisfaktionsunfähig … Unsinn!
10 Unsinn! Kein Mensch weiß was, kein Mensch weiß was! –
Es laufen viele herum, denen ärgere Sachen passiert sind,
als mir … Was hat man nicht alles von dem Deckener erzählt, wie er sich mit dem Rederow geschossen hat … und
der Ehrenrat hat entschieden, das Duell darf stattfinden …
15 Aber wie möcht' der Ehrenrat bei mir entscheiden? –
Dummer Bub – dummer Bub … und ich bin dagestanden –! heiliger Himmel, es ist doch ganz egal, ob ein anderer was weiß! … Ich weiß es doch, und das ist die Haupt-
sache! Ich spür', dass ich jetzt wer anderer bin, als vor
20 einer Stunde – ich weiß, dass ich satisfaktionsunfähig bin,
und darum muss ich mich totschießen … Keine ruhige Mi-
nute hätt' ich mehr im Leben … immer hätt' ich die Angst,
dass es doch einer erfahren könnt', so oder so … und dass
mir's einer einmal in's Gesicht sagt, was heut' Abend ge-
25 scheh'n ist! – Was für ein glücklicher Mensch bin ich vor
einer Stund' gewesen … Muss mir der Kopetzky die Karte
schenken – und die Steffi muss mir absagen, das Mensch! –
Von so was hängt man ab … Nachmittag war noch alles gut
und schön, und jetzt bin ich ein verlorener Mensch und
30 muss mich totschießen … Warum renn' ich denn so? Es
lauft mir ja nichts davon … Wieviel schlagt's denn? … 1, 2,
3, 4, 5, 6, 7, 8, 9, 10, 11 … elf, elf … ich sollt' doch nachtmahlen geh'n! Irgendwo muss ich doch schließlich hin-
geh'n … ich könnt' mich ja in irgendein Beisl setzen, wo

---

8 **schlagen:** duellieren | 9 **satisfaktionsunfähig:** nach dem Ehrenkodex der k. u. k. Armee
nicht duellfähig | 27 **das Mensch:** abwertend für junge Frau, Mädchen | 34 **Beisl:** einfache,
volkstümliche Gaststätte

mich kein Mensch kennt – schließlich, essen muss der
Mensch, auch wenn er sich nachher gleich totschießt …
Haha, der Tod ist ja kein Kinderspiel … wer hat das nur
neulich gesagt? … Aber das ist ja ganz egal …

Ich möcht' wissen, wer sich am meisten kränken   5
möcht'? … die Mama, oder die Steffi? … die Steffi … Gott,
die Steffi … die dürft' sich ja nicht einmal was anmerken
lassen, sonst gibt »er« ihr den Abschied … Arme Person! –
Beim Regiment – kein Mensch hätt' eine Ahnung, warum
ich's getan hab' … sie täten sich alle den Kopf zerbrechen …   10
warum hat sich denn der Gustl umgebracht? – Darauf
möcht' keiner kommen, dass ich mich hab' totschießen
müssen, weil ein elender Bäckermeister, so ein niederträch-
tiger, der zufällig stärkere Fäust' hat … es ist ja zu dumm,
zu dumm! – Deswegen soll ein Kerl wie ich, so ein junger,   15
fescher Mensch … Ja, nachher möchten's gewiss alle sagen:
das hätt' er doch nicht tun müssen, wegen so einer Dumm-
heit; ist doch schad'! … Aber wenn ich jetzt wen immer fragen tät', jeder möcht' mir die gleiche Antwort geben … und
ich selber, wenn ich mich frag' … das ist doch zum Teufel-   20
holen … ganz wehrlos sind wir gegen die Zivilisten … Da
meinen die Leut', wir sind besser dran, weil wir einen Säbel
haben … und wenn schon einmal einer von der Waffe Gebrauch macht, geht's über uns her, als wenn wir alle die ge-
borenen Mörder wären … In der Zeitung möcht's auch   25
stehn: … »Selbstmord eines jungen Offiziers« … Wie
schreiben sie nur immer? … »Die Motive sind in Dunkel
gehüllt« … Haha! … »An seinem Sarge trauern« … – Aber
es ist ja wahr … mir ist immer, als wenn ich mir eine Geschichte erzählen möcht' … aber es ist wahr … ich muss   30
mich umbringen, es bleibt mir ja nichts anderes übrig – ich
kann's ja nicht d'rauf ankommen lassen, dass morgen früh
der Kopetzky und der Blany mir ihr Mandat zurückgeben
und mir sagen: wir können Dir nicht sekundieren! … Ich

---

5 **kränken:** grämen, sich sehr sorgen | 16 **fescher:** schicker | 34 **sekundieren:** Sekundant
sein, d. h. Zeuge und Beistand beim Duell

wär' ja ein Schuft, wenn ich's ihnen zumuten möcht' ... So
ein Kerl wie ich, der dasteht und sich einen dummen Buben
heißen lässt ... morgen wissen's ja alle Leut' ... das ist zu
dumm, dass ich mir einen Moment einbilde, so ein Mensch
5 erzählt's nicht weiter ... überall wird er's erzählen ... seine
Frau weiß's jetzt schon ... morgen weiß es das ganze Kaffeehaus ... die Kellner werd'n's wissen ... der Herr Schlesinger – die Kassierin – – Und selbst, wenn er sich vorgenommen hat, er red't nicht davon, so sagt er's übermor-
10 gen ... und wenn er's übermorgen nicht sagt, in einer
Woche ... Und wenn ihn heut' Nacht der Schlag trifft, so
weiß ich's ... ich weiß es ... und ich bin nicht der Mensch,
der weiter den Rock trägt und den Säbel, wenn ein solcher
Schimpf auf ihm sitzt! ... So, ich muss es tun, und Schluss!
15 – Was ist weiter dabei? – Morgen Nachmittag könnt' mich
der Doktor mit'm Säbel erschlagen ... so was ist schon einmal dagewesen ... und der Bauer, der arme Kerl, der hat
eine Gehirnentzündung 'kriegt und war in drei Tagen hin ...
und der Brenitsch ist vom Pferd gestürzt und hat sich's Ge-
20 nick gebrochen ... und schließlich und endlich: es gibt
nichts anderes – für mich nicht, für mich nicht! – Es gibt ja
Leut', die's leichter nähmen ... Gott, was gibt's für Menschen! ... Dem Ringeimer hat ein Fleischselcher, wie er ihn
mit seiner Frau erwischt hat, eine Ohrfeige gegeben, und er
25 hat quittiert und sitzt irgendwo auf'm Land und hat gehei-
ratet ... Dass es Weiber gibt, die so einen Menschen heiraten! ... – Meiner Seel', ich gäb' ihm nicht die Hand, wenn er
wieder nach Wien käm' ... Also, hast's gehört, Gustl: – aus,
aus, abgeschlossen mit dem Leben! Punktum und Streusand
30 drauf! ... So, jetzt weiß ich's, die Geschichte ist ganz einfach ... So! Ich bin eigentlich ganz ruhig ... Das hab' ich
übrigens immer gewusst: wenn's einmal dazu kommt, werd'
ich ruhig sein, ganz ruhig ... aber dass es so dazu kommt,
das hab' ich doch nicht gedacht ... dass ich mich umbringen

---

23 **Fleischselcher:** selchen: räuchern (Metzger) | 29 **Streusand:** bildlich für: Abschluss
einer Angelegenheit

muss, weil so ein ... Vielleicht hab' ich ihn doch nicht recht
verstanden ... am End' hat er ganz was anderes gesagt ...
Ich war ja ganz blöd von der Singerei und der Hitz' ... vielleicht bin ich verrückt gewesen, und es ist alles gar nicht
wahr? ... Nicht wahr, haha, nicht wahr! – Ich hör's ja   5
noch ... es klingt mir noch immer im Ohr ... und ich spür's
in den Fingern, wie ich seine Hand vom Säbelgriff hab'
wegbringen wollen ... Ein Kraftmensch ist er, ein Jagendor-
fer ... Ich bin doch auch kein Schwächling ... der Franziski
ist der Einzige im Regiment, der stärker ist als ich ...   10
   Die Aspernbrücke ... Wie weit renn' ich denn noch? –
Wenn ich so weiterrenn', bin ich um Mitternacht in Kagran ... Haha! – Herrgott, froh sind wir gewesen, wie wir
im vorigen September dort eingerückt sind. Noch zwei
Stunden, und Wien ... todmüd' war ich, wie wir angekom-   15
men sind ... den ganzen Nachmittag hab' ich geschlafen
wie ein Stock, und am Abend waren wir schon beim Ronacher ... der Kopetzky, der Ladinser und ... wer war denn
nur noch mit uns? – Ja, richtig, der Freiwillige, der uns auf
dem Marsch die jüdischen Anekdoten erzählt hat ...   20
Manchmal sind's ganz nette Burschen, die Einjährigen ...
aber sie sollten alle nur Stellvertreter werden – denn was
hat das für einen Sinn? Wir müssen uns jahrelang plagen,
und so ein Kerl dient ein Jahr und hat genau dieselbe Dis-
tinktion wie wir ... es ist eine Ungerechtigkeit! – Aber was   25
geht mich denn das alles an? – Was scher' ich mich denn
um solche Sachen? – Ein Gemeiner von der Verpflegsbran-
che ist ja jetzt mehr als ich ... ich bin ja überhaupt nicht
mehr auf der Welt ... es ist ja aus mit mir ... Ehre verloren,
alles verloren! ... Ich hab' ja nichts anderes zu tun, als mei-   30
nen Revolver zu laden und ... Gustl, Gustl, mir scheint, Du
glaubst noch immer nicht recht dran? Komm' nur zur Be-
sinnung ... es gibt nichts anderes ... wenn Du auch Dein
Gehirn zermarterst, es gibt nichts anderes! – Jetzt heißt's

---

8 f. **Jagendorfer:** Georg Jagendorfer, bekannter Ringkämpfer der Zeit | 12 f. **Kagran:**
Gemeinde im Norden Wiens | 17 f. **Ronacher:** Vergnügungsetablissement im I. Bezirk |
24 f. **Distinktion:** Auszeichnung, Stand | 27 **Gemeiner:** Soldat ohne Offiziersrang

nur mehr, im letzten Moment sich anständig benehmen, ein
Mann sein, ein Offizier sein, so dass der Oberst sagt: Er ist
ein braver Kerl gewesen, wir werden ihm ein treues Ange-
denken bewahren! ... Wieviel Kompagnien rücken denn
5   aus beim Leichenbegängnis von einem Lieutenant? ... Das
müsst' ich eigentlich wissen ... Haha! wenn das ganze Ba-
taillon ausrückt, oder die ganze Garnison, und sie feuern
zwanzig Salven ab, davon wach' ich doch nimmer auf! –
Vor dem Kaffeehaus, da bin ich im vorigen Sommer ein-
10 mal mit dem Herrn von Engel gesessen, nach der Armee-
Steeple-Chase ... Komisch, den Menschen hab' ich seitdem
nie wieder geseh'n ... Warum hat er denn das linke Aug'
verbunden gehabt? Ich hab' ihn immer drum fragen wollen,
aber es hätt' sich nicht gehört ... Da geh'n zwei Artilleris-
15 ten ... die denken gewiss, ich steig' der Person nach ...
Muss sie mir übrigens anseh'n ... O schrecklich! – ich
möcht' nur wissen, wie sich so eine ihr Brot verdient ... da
möcht' ich doch eher ... Obzwar, in der Not frisst der Teufel Fliegen ... in Przemysl – mir hat's nachher so gegraut,
20 dass ich gemeint hab', nie wieder rühr' ich ein Frauenzimmer an ... Das war eine grässliche Zeit da oben in Galizien ... eigentlich ein Mordsglück, dass wir nach Wien gekommen sind. Der Bokorny sitzt noch immer in Sambor
und kann noch zehn Jahr' dort sitzen und alt und grau
25 werden ... Aber wenn ich dort geblieben wär', wär' mir das
nicht passiert, was mir heut' passiert ist ... und ich möcht'
lieber in Galizien alt und grau werden, als dass ... als was?
als was? – Ja, was ist denn? was ist denn? – Bin ich denn
wahnsinnig, dass ich das immer vergess'? – Ja, meiner Seel',
30 vergessen tu' ich's jeden Moment ... ist das schon je erhört
worden, dass sich einer in ein paar Stunden eine Kugel
durch'n Kopf jagen muss, und er denkt an alle möglichen
Sachen, die ihn gar nichts mehr angeh'n? Meiner Seel', mir
ist gerade so, als wenn ich einen Rausch hätt'! Haha! ein

---

10 f. **Armee-Steeple-Chase:** Pferderennen | 15 **Person:** hier: Prostituierte | 19 **Przemysl:**
galizische Garnisonsstadt | 21 f. **Galizien:** Landschaft an der Ostgrenze des Habsburger-
reichs | 23 **Sambor:** galizische Kreisstadt

schöner Rausch! ein Mordsrausch! ein Selbstmordsrausch!
– Ha! Witze mach' ich, das ist sehr gut! – Ja, ganz gut aufgelegt bin ich – so was muss doch angeboren sein ... Wahr-
haftig, wenn ich's einem erzählen möcht', er würd' es nicht
glauben. – Mir scheint, wenn ich das Ding bei mir hätt' ...   5
jetzt würd' ich abdrücken – in einer Sekunde ist alles vorbei ... Nicht jeder hat's so gut – andere müssen sich mona-
telang plagen ... meine arme Cousin', zwei Jahr' ist sie ge-
legen, hat sich nicht rühren können, hat die grässlichsten
Schmerzen g'habt – so ein Jammer! ... Ist es nicht besser,   10
wenn man das selber besorgt? Nur Obacht geben heißt's,
gut zielen, dass einem nicht am End' das Malheur passiert,
wie dem Kadett-Stellvertreter im vorigen Jahr ... Der arme
Teufel, gestorben ist er nicht, aber blind ist er geworden ...
Was mit dem nur geschehen ist? Wo er jetzt lebt? –   15
Schrecklich, so herumlaufen, wie der – das heißt: herumlaufen kann er nicht, g'führt muss er werden – so ein junger
Mensch, kann heut' noch keine Zwanzig sein ... seine Geliebte hat er besser getroffen ... gleich war sie tot ... Unglaublich, weswegen sich die Leut' totschießen! Wie kann   20
man überhaupt nur eifersüchtig sein? ... Mein Lebtag hab'
ich so was nicht gekannt. ... Die Steffi ist jetzt gemütlich in
der Gartenbaugesellschaft; dann geht sie mit »ihm« nach
Haus ... Nichts liegt mir dran, gar nichts! Hübsche Einrichtung hat sie – das kleine Badezimmer mit der roten La-   25
tern'. – Wie sie neulich in dem grünseidenen Schlafrock
hereingekommen ist ... den grünen Schlafrock werd' ich
auch nimmer seh'n – und die ganze Steffi auch nicht ... und
die schöne, breite Treppe in der Gußhausstraße werd' ich
auch nimmer hinaufgeh'n ... Das Fräulein Steffi wird sich   30
weiter amüsieren, als wenn gar nichts gescheh'n wär' ...
nicht einmal erzählen darf sie's wem, dass ihr lieber Gustl
sich umgebracht hat ... Aber weinen wird s' schon – ah ja,
weinen wird s' ... Überhaupt, weinen werden gar viele

1 **Mordsrausch:** sehr großer Rausch | 12 **Malheur:** (frz.) Unglück | 13 **Kadett-Stellver-**
treter: Kadett: vgl. Anm. zu 12,11

Leut' … Um Gotteswillen, die Mama! – Nein, nein, daran
darf ich nicht denken. – Ah, nein, daran darf absolut nicht
gedacht werden … An Zuhaus wird nicht gedacht, Gustl,
verstanden? – nicht mit dem allerleisesten Gedanken …

5   Das ist nicht schlecht, jetzt bin ich gar im Prater … mitten in der Nacht … das hätt' ich mir auch nicht gedacht in
der Früh, dass ich heut' Nacht im Prater spazieren gehn
werd' … Was sich der Sicherheitswachmann dort denkt? …
Na, geh'n wir nur weiter … es ist ganz schön … Mit'm
10 Nachtmahlen ist 's eh' nichts, mit dem Kaffeehaus auch
nichts; die Luft ist angenehm, und ruhig ist es … sehr …
Zwar, ruhig werd' ich's jetzt bald haben, so ruhig, als ich's
mir nur wünschen kann. Haha! – aber ich bin ja ganz außer
Atem … ich bin ja gerannt wie nicht g'scheit … langsamer,
15 langsamer, Gustl, versäumst nichts, hast gar nichts mehr zu
tun – gar nichts, aber absolut nichts mehr! – Mir scheint
gar, ich fröstel'? – Es wird halt doch die Aufregung sein …
dann hab' ich ja nichts gegessen … Was riecht denn da so
eigentümlich? … es kann doch noch nichts blühen? … Was
20 haben wir denn heut'? – den vierten April … freilich, es hat
viel geregnet in den letzten Tagen … aber die Bäume sind
beinah' noch ganz kahl … und dunkel ist es, hu! man
könnt' schier Angst kriegen … Das ist eigentlich das einzige Mal in meinem Leben, dass ich Furcht gehabt hab', als
25 kleiner Bub, damals im Wald … aber ich war ja gar nicht so
klein … vierzehn oder fünfzehn … Wie lang' ist das jetzt
her? – neun Jahr' … freilich – mit achtzehn war ich Stellvertreter, mit zwanzig Lieutenant … und im nächsten Jahr
werd' ich … Was werd' ich im nächsten Jahr? Was heißt das
30 überhaupt: nächstes Jahr? Was heißt das: in der nächsten
Woche? Was heißt das: übermorgen? … Wie? Zähneklap-
pern? Oho! – Na, lassen wir's nur ein bissl klappern …
Herr Lieutenant, Sie sind jetzt allein, brauchen niemandem
einen Pflanz vorzumachen … es ist bitter, es ist bitter …

---

34 **einen Pflanz vorzumachen:** etwas vorzumachen (Pflanz: Lüge)

Ich will mich auf die Bank setzen ... Ah! – wie weit bin ich denn da? – So eine Dunkelheit! Das da hinter mir, das muss das zweite Kaffeehaus sein ... bin ich im vorigen Sommer auch einmal gewesen, wie unsere Kapelle konzertiert hat ... mit'm Kopetzky und mit'm Rüttner – noch ein paar waren dabei ... – Ich bin aber müd' ... nein, ich bin müd', als wenn ich einen Marsch von zehn Stunden gemacht hätt' ... Ja, das wär' so was, da einschlafen. – Ha! ein obdachloser Lieutenant ... Ja, ich sollt' doch eigentlich nach Haus ... was tu' ich denn zu Haus? aber was tu' ich denn im Prater? – Ah, mir wär' am liebsten, ich müsst' gar nicht aufstehn – da einschlafen und nimmer aufwachen ... ja, das wär' halt bequem! – Nein, so bequem wird's Ihnen nicht gemacht, Herr Lieutenant ... Aber wie und wann? – Jetzt könnt' ich mir doch endlich einmal die Geschichte ordentlich überlegen ... überlegt muss ja alles werden ... so ist es schon einmal im Leben ... Also überlegen wir ... Was denn? ... – Nein, ist die Luft gut ... man sollt öfters bei der Nacht in' Prater gehn ... Ja, das hätt' mir eben früher einfallen müssen, jetzt ist's aus mit'm Prater, mit der Luft und mit'm Spazierengehn ... Ja, also was ist denn? – Ah, fort mit dem Kappl; mir scheint, das drückt mir auf's Gehirn ... ich kann ja gar nicht ordentlich denken ... Ah ... so! ... also jetzt Verstand zusammennehmen, Gustl ... letzte Verfügungen treffen! Also morgen früh wird Schluss gemacht ... morgen früh um sieben Uhr ... sieben Uhr ist eine schöne Stund'. Haha! – also um acht, wenn die Schul' anfangt, ist alles vorbei ... der Kopetzky wird aber keine Schul' halten können, weil er zu sehr erschüttert sein wird ... Aber vielleicht weiß er's noch gar nicht ... man braucht ja nichts zu hören ... Den Max Lippay haben sie auch erst am Nachmittag gefunden, und in der Früh' hat er sich erschossen, und kein Mensch hat was davon gehört ... Aber was geht mich das an, ob der Kopetzky Schul' halten

wird oder nicht? ... Ha! – also um sieben Uhr! – Ja ... na,
was denn noch? ... Weiter ist ja nichts zu überlegen. Im
Zimmer schieß' ich mich tot, und dann is basta! Montag ist
die Leich' ... Einen kenn' ich, der wird eine Freud' haben:
das ist der Doktor ... Duell kann nicht stattfinden wegen
Selbstmord des einen Kombattanten ... Was sie bei Mannheimers sagen werden? – Na, er wird sich nicht viel draus
machen ... aber die Frau, die hübsche, blonde ... mit der
war was zu machen ... O ja, mir scheint, bei der hätt' ich
Chance gehabt, wenn ich mich nur ein bissl zusammenge-
nommen hätt' ... ja, das wär' doch was anders gewesen, als
die Steffi, dieses Mensch ... Aber faul darf man halt nicht
sein ... da heißt's: Kour machen, Blumen schicken, ver-
nünftig reden ... das geht nicht so, dass man sagt: Komm'
morgen Nachmittag zu mir in die Kasern'! ... Ja, so eine
anständige Frau, das wär' halt was g'wesen ... Die Frau von
meinem Hauptmann in Przemysl, das war ja doch keine
anständige Frau ... ich könnt' schwören: der Libitzky und
der Wermutek und der schäbige Stellvertreter, der hat sie
auch g'habt ... Aber die Frau Mannheimer ... ja, das wär'
was anders, das wär' doch auch ein Umgang gewesen, das
hätt' einen beinah' zu einem andern Menschen gemacht –
da hätt' man doch noch einen andern Schliff gekriegt – da
hätt' man einen Respekt vor sich selber haben dürfen. – –
Aber ewig diese Menscher ... und so jung hab' ich ang'fangen – ein Bub war ich ja noch, wie ich damals den ersten
Urlaub gehabt hab' und in Graz bei den Eltern zu Haus
war ... der Riedl war auch dabei – eine Böhmin ist es gewesen ... die muss doppelt so alt gewesen sein, wie ich – in
der Früh bin ich erst nach Haus gekommen ... Wie mich
der Vater ang'schaut hat ... und die Klara ... Vor der Klara
hab' ich mich am meisten g'schämt ... Damals war sie ver-
lobt ... warum ist denn nichts draus geworden? Ich hab'
mich eigentlich nicht viel drum gekümmert ... Armes Ha-

---

4 die Leich': das Begräbnis | 6 Kombattanten: Mitkämpfer, hier: Duellgegner |
13 Kour machen: (von cour, frz., ›Hof‹) umwerben, den Hof machen | 34 f. Hascherl: Kind,
schwächliche Person

scherl, hat auch nie Glück gehabt – und jetzt verliert sie
noch den einzigen Bruder ... Ja, wirst mich nimmer seh'n,
Klara – aus! Was, das hast Du Dir nicht gedacht, Schwes-
terl, wie Du mich am Neujahrstag zur Bahn begleitet hast,
dass Du mich nie wieder seh'n wirst? – Und die Mama ...   5
Herrgott, die Mama ... nein, ich darf daran nicht denken ...
wenn ich daran denk', bin ich imstand, eine Gemeinheit zu
begehen. ... Ah ... wenn ich zuerst noch nach Haus fahren
möcht' ... sagen, es ist ein Urlaub auf einen Tag ... noch
einmal den Papa, die Mama, die Klara seh'n, bevor ich ei-   10
nen Schluss mach' ... Ja, mit dem ersten Zug um sieben
kann ich nach Graz fahren, um eins bin ich dort ... Grüß'
Dich Gott, Mama ... Servus, Klara! Na, wie geht's Euch
denn? ... Nein, das ist eine Überraschung! ... Aber sie
möchten was merken ... wenn niemand anders ... die Kla-   15
ra ... die Klara gewiss ... Die Klara ist ein so gescheites
Mädel ... Wie lieb sie mir neulich geschrieben hat, und ich
bin ihr noch immer die Antwort schuldig – und die guten
Ratschläge, die sie mir immer gibt ... ein so seelengutes
Geschöpf ... Ob nicht alles ganz anders geworden wär',   20
wenn ich zu Haus geblieben wär'? Ich hätt' Ökonomie stu-
diert, wär' zum Onkel gegangen ... sie haben's ja alle wollen, wie ich noch ein Bub war ... Jetzt wär' ich am End'
schon verheiratet, ein liebes, gutes Mädel ... vielleicht die
Anna, die hat mich so gern gehabt ... auch jetzt hab' ich's   25
noch gemerkt, wie ich das letzte Mal zu Haus war, obzwar
sie schon einen Mann hat und zwei Kinder ... ich hab's
g'seh'n, wie sie mich ang'schaut hat ... Und noch immer
sagt sie mir »Gustl« wie früher ... Der wird's ordentlich in
die Glieder fahren, wenn sie erfährt, was es mit mir für ein   30
End' genommen hat – aber ihr Mann wird sagen: Das hab'
ich vorausgesehen – so ein Lump! – Alle werden meinen, es
ist, weil ich Schulden gehabt hab' ... und es ist doch gar
nicht wahr, es ist doch alles gezahlt ... nur die letzten hun-

dertsechzig Gulden – na, und die sind morgen da ... Ja,
dafür muss ich auch noch sorgen, dass der Ballert die hundertsechzig Gulden kriegt ... das muss ich niederschreiben,
bevor ich mich erschieß' ... Es ist schrecklich, es ist
schrecklich! ... Wenn ich lieber auf und davon fahren
möcht! – nach Amerika, wo mich niemand kennt ... In
Amerika weiß kein Mensch davon, was hier heut' Abend
gescheh'n ist ... da kümmert sich kein Mensch drum ...
Neulich ist in der Zeitung gestanden von einem Grafen
Runge, der hat fortmüssen wegen einer schmutzigen Geschichte, und jetzt hat er drüben ein Hotel und pfeift auf
den ganzen Schwindel ... Und in ein paar Jahren könnt'
man ja wieder zurück ... nicht nach Wien natürlich ... auch
nicht nach Graz ... aber auf's Gut könnt' ich ... und der
Mama und dem Papa und der Klara möcht's doch tausend-
mal lieber sein, wenn ich nur lebendig blieb' ... Und was
geh'n mich denn die andern Leut' an? Wer meint's denn
sonst gut mit mir? – Außer'm Kopetzky könnt' ich allen
gestohlen werden ... der Kopetzky ist doch der Einzige ...
Und grad der hat mir heut' das Billet geben müssen ... und
das Billet ist an allem schuld ... ohne das Billet wär' ich
nicht in's Konzert gegangen, und alles das wär' nicht passiert ... Was ist denn nur passiert? ... Es ist grad, als wenn
hundert Jahr' seitdem vergangen wären, und es kann noch
keine zwei Stunden sein ... Vor zwei Stunden hat mir einer
»dummer Bub« gesagt und hat meinen Säbel zerbrechen
wollen ... Herrgott, ich fang' noch zu schreien an mitten in
der Nacht! Warum ist denn das alles gescheh'n? Hätt' ich
nicht länger warten können, bis ganz leer wird in der Garderobe? Und warum hab' ich ihm denn nur gesagt: »Halten
Sie's Maul!« Wie ist mir denn das nur ausgerutscht? Ich bin
doch sonst ein höflicher Mensch ... nicht einmal mit meinem Burschen bin ich sonst so grob ... aber natürlich, nervos bin ich gewesen – alle die Sachen, die da zusammenge-

33 **Burschen:** Offiziersdiener

kommen sind … das Pech im Spiel und die ewige Absagerei
von der Steffi – und das Duell morgen Nachmittag – und
zu wenig schlafen tu' ich in der letzten Zeit – und die Ra-
ckerei in der Kasern' – das halt' man auf die Dauer nicht
aus! … Ja, über kurz oder lang wär' ich krank geworden –   5
hätt' um einen Urlaub einkommen müssen … Jetzt ist es
nicht mehr notwendig – jetzt kommt ein langer Urlaub –
mit Karenz der Gebühren – haha! …
    Wie lang werd' ich denn da noch sitzen bleiben? Es muss
Mitternacht vorbei sein … hab' ich's nicht früher schlagen   10
hören? – Was ist denn das … ein Wagen fährt da? Um die
Zeit? Gummiradler – kann mir schon denken … Die haben's besser wie ich – vielleicht ist es der Ballert mit der
Bertha … Warum soll's grad der Ballert sein? – Fahr' nur
zu! – Ein hübsches Zeug'l hat Seine Hoheit in Przemysl ge-   15
habt … mit dem ist er immer in die Stadt hinunterg'fahren
zu der Rosenberg … Sehr leutselig war Seine Hoheit – ein
echter Kamerad, mit allen auf Du und Du … War doch eine
schöne Zeit … obzwar … die Gegend war trostlos und im
Sommer zum verschmachten … an einem Nachmittag sind   20
einmal drei vom Sonnenstich getroffen worden … auch
der Korporal von meinem Zug – ein so verwendbarer
Mensch … Nachmittag haben wir uns nackt auf's Bett hin-
gelegt. – Einmal ist plötzlich der Wiesner zu mir hereingekommen; ich muss grad geträumt haben und steh' auf und   25
zieh' den Säbel, der neben mir liegt … muss gut ausg'schaut
haben … der Wiesner hat sich halbtot gelacht – der ist jetzt
schon Rittmeister … – Schad', dass ich nicht zur Kavallerie
gegangen bin … aber das hat der Alte nicht wollen – wär'
ein zu teurer Spaß gewesen – jetzt ist es ja doch alles eins …   30
Warum denn? – Ja, ich weiß schon: sterben muss ich, darum ist es alles eins – sterben muss ich … Also wie? – Schau,
Gustl, Du bist doch extra da herunter in den Prater gegangen, mitten in der Nacht, wo Dich keine Menschenseele

8 **Karenz der Gebühren:** Verzicht auf die Besoldung | 12 **Gummiradler:** Kutsche mit gum-
mibereiften Rädern | 15 **Zeug'l:** hier: Kutsche

stört – jetzt kannst Du Dir alles ruhig überlegen … Das ist
ja lauter Unsinn mit Amerika und quittieren, und Du bist
ja viel zu dumm, um was anderes anzufangen – und wenn
Du hundert Jahr' alt wirst, und Du denkst dran, dass Dir
einer hat den Säbel zerbrechen wollen und Dich einen
dummen Buben g'heißen, und Du bist dag'standen und
hast nichts tun können – nein, zu überlegen ist da gar
nichts – gescheh'n ist gescheh'n – auch das mit der Mama
und mit der Klara ist ein Unsinn – die werden's schon ver-
schmerzen – man verschmerzt alles … Wie hat die Mama
gejammert, wie ihr Bruder gestorben ist – und nach vier
Wochen hat sie kaum mehr dran gedacht … auf den Friedhof ist sie hinausgefahren … zuerst alle Wochen, dann alle
Monat – und jetzt nur mehr am Todestag. – – Morgen ist
mein Todestag – fünfter April. – – Ob sie mich nach Graz
überführen? Haha! da werden die Würmer in Graz eine
Freud' haben! – Aber das geht mich nichts an – darüber
sollen sich die andern den Kopf zerbrechen … Also, was
geht mich denn eigentlich an? … Ja, die hundertsechzig
Gulden für den Ballert – das ist alles – weiter brauch' ich
keine Verfügungen zu treffen. – Briefe schreiben? Wozu
denn? An wen denn? … Abschied nehmen? – Ja, zum Teufel hinein, das ist doch deutlich genug, wenn man sich totschießt! – Dann merken's die andern schon, dass man Abschied genommen hat … Wenn die Leut' wüssten, wie egal
mir die ganze Geschichte ist, möchten sie mich gar nicht
bedauern – ist eh' nicht schad' um mich … Und was hab'
ich denn vom ganzen Leben gehabt? – Etwas hätt' ich gern
noch mitgemacht: einen Krieg – aber da hätt' ich lang' warten können … Und alles Übrige kenn' ich … Ob so ein
Mensch Steffi oder Kunigunde heißt, bleibt sich gleich. – –
Und die schönsten Operetten kenn' ich auch – und im Lo-
hengrin bin ich zwölf Mal drin gewesen – und heut' Abend
war ich sogar bei einem Oratorium – und ein Bäckermeis-

---

31 **bleibt sich gleich:** ist letztendlich egal | 32 f. **Lohengrin:** Oper von Richard Wagner

ter hat mich einen dummen Buben geheißen – meiner Seel',
es ist grad genug! – Und ich bin gar nimmer neugierig ... –
Also gehn wir nach Haus, langsam, ganz langsam ... Eile
hab' ich ja wirklich keine. – Noch ein paar Minuten ausru-
hen da im Prater, auf einer Bank – obdachlos. – In's Bett   5
leg' ich mich ja doch nimmer – hab' ja genug Zeit zum
Ausschlafen. – – Ah, die Luft! – Die wird mir abgehn ...

———————————

Was ist denn? – He, Johann, bringen S' mir ein frisches
Glas Wasser ... Was ist? ... Wo ... Ja, träum' ich denn? ...
Mein Schädel ... o, Donnerwetter ... Fischamend ... Ich   10
bring' die Augen nicht auf! – Ich bin ja angezogen! – Wo
sitz' ich denn? – Heiliger Himmel, eingeschlafen bin ich!
Wie hab' ich denn nur schlafen können; es dämmert ja
schon! – Wie lang' hab' ich denn geschlafen? – Muss auf die
Uhr schau'n ... Ich seh' nichts ... Wo sind denn meine   15
Zündhölzeln? ... Na, brennt eins an? ... Drei ... und ich
soll mich um vier duellieren – nein, nicht duellieren – totschießen soll ich mich! – Es ist gar nichts mit dem Duell;
ich muss mich totschießen, weil ein Bäckermeister mich einen dummen Buben genannt hat ... Ja, ist es denn wirklich   20
g'scheh'n? – Mir ist im Kopf so merkwürdig ... wie in einem Schraubstock ist mein Hals – ich kann mich gar nicht
rühren – das rechte Bein ist eingeschlafen. – Aufstehn! Aufstehn! ... Ah, so ist es besser! – Es wird schon lichter ...
Und die Luft ... ganz wie damals in der Früh, wie ich auf   25
Vorposten war und im Wald kampiert hab' ... Das war ein
anderes Aufwachen – da war ein anderer Tag vor mir ...
Mir scheint, ich glaub's noch nicht recht – Da liegt die Straße, grau, leer – ich bin jetzt sicher der einzige Mensch im
Prater. – Um vier Uhr früh war ich schon einmal herunten,   30
mit'm Pausinger – geritten sind wir – ich auf dem Pferd

10 **Fischamend:** Ort in Niederösterreich; hier ein Fluch (analog zu »Sakrament«)

vom Hauptmann Mirovic und der Pausinger auf seinem eigenen Krampen – das war im Mai, im vorigen Jahr – da hat
schon alles geblüht – alles war grün. – Jetzt ist's noch kahl –
aber der Frühling kommt bald – in ein paar Tagen ist er
schon da. – Maiglöckerln, Veigerln – schad', dass ich nichts
mehr davon haben werd' – jeder Schubiak hat was davon,
und ich muss sterben! Es ist ein Elend! Und die andern
werden im Weingartl sitzen beim Nachtmahl, als wenn gar
nichts g'wesen wär' – so wie wir alle im Weingartl g'sessen
sind, noch am Abend nach dem Tag, wo sie den Lippay
hinausgetragen haben … Und der Lippay war so beliebt …
sie haben ihn lieber g'habt, als mich, beim Regiment – warum sollen sie denn nicht im Weingartl sitzen, wenn ich ab-
kratz'? – Ganz warm ist es – viel wärmer als gestern – und
so ein Duft – es muss doch schon blühen … Ob die Steffi
mir Blumen bringen wird? – Aber fallt ihr ja gar nicht ein!
Die wird grad hinausfahren … Ja, wenn's noch die Adel'
wär' … Nein, die Adel'! – Mir scheint, seit zwei Jahren
hab' ich an die nicht mehr gedacht. … Was die für
G'schichten gemacht hat, wie's aus war … mein Lebtag
hab' ich kein Frauenzimmer so weinen geseh'n … Das war
doch eigentlich das Hübscheste, was ich erlebt hab' … So
bescheiden, so anspruchslos, wie die war – die hat mich
gern gehabt, da könnt' ich drauf schwören. – War doch was
ganz anderes, als die Steffi … Ich möcht' nur wissen, warum ich die aufgegeben hab' … so eine Eselei! Zu fad ist es
mir geworden, ja, das war das Ganze … So jeden Abend
mit ein und derselben ausgehn … Dann hab' ich eine Angst
g'habt, dass ich überhaupt nimmer loskomm' – eine solche
Raunzen – – Na, Gustl, hätt'st schon noch warten können
– war doch die Einzige, die Dich gern gehabt hat … Was sie
jetzt macht? Na, was wird s' machen? – Jetzt wird s' halt
einen andern haben. … Freilich, das mit der Steffi ist be-
quemer – wenn man nur gelegentlich engagiert ist und ein

---

2 **Krampen:** Gaul | 5 **Veigerln:** Veilchen | 6 **Schubiak:** fieser Mensch | 30 **Raunzen:** weiner-
liche Person | 34 **engagiert ist:** sich trifft, ein ›Date‹ hat

anderer hat die ganzen Unannehmlichkeiten, und ich hab'
nur das Vergnügen … Ja, da kann man auch nicht verlangen, dass sie auf den Friedhof hinauskommt … Wer ging
denn überhaupt mit, wenn er nicht müsst'! – Vielleicht der
Kopetzky, und dann wär' Rest! – Ist doch traurig, so gar   5
niemanden zu haben …

Aber so ein Unsinn! der Papa und die Mama und die
Klara … Ja, ich bin halt der Sohn, der Bruder … aber was
ist denn weiter zwischen uns? gern haben sie mich ja – aber
was wissen sie denn von mir? – Dass ich meinen Dienst   10
mach', dass ich Karten spiel' und dass ich mit Menschern
herumlauf' … aber sonst? – Dass mich manchmal selber
vor mir graust, das hab' ich ihnen ja doch nicht geschrieben
– na, mir scheint, ich hab's auch selber gar nicht recht gewusst – – Ah was, kommst Du jetzt mit solchen Sachen,   15
Gustl? Fehlt nur noch, dass Du zum Weinen anfangst …
pfui Teufel! – Ordentlichen Schritt … so! Ob man zu einem Rendez-vous geht oder auf Posten oder in die
Schlacht … wer hat das nur gesagt? … ah ja, der Major Lederer, in der Kantin', wie man von dem Wingleder erzählt   20
hat, der so blass geworden ist vor seinem ersten Duell –
und gespieben hat … Ja: ob man zu einem Rendez-vous
geht oder in den sichern Tod, am Gang und am G'sicht
lasst sich das der richtige Offizier nicht anerkennen! –
Also, Gustl – der Major Lederer hat's g'sagt! ha! –   25

Immer lichter … man könnt' schon lesen … Was pfeift
denn da? … Ah, drüben ist der Nordbahnhof … Die Tegetthoffsäule … so lang hat sie noch nie ausg'schaut … Da
drüben stehen Wagen … Aber nichts als Straßenkehrer auf
der Straße … meine letzten Straßenkehrer – ha! ich muss   30
immer lachen, wenn ich dran denk' … das versteh' ich garnicht … Ob das bei allen Leuten so ist, wenn sie's einmal
ganz sicher wissen? Halb vier auf der Nordbahnuhr …
jetzt ist nur die Frage, ob ich mich um sieben nach Bahn-

---

5 **dann wär' Rest:** das wär's schon | 22 **gespieben:** sich übergeben

zeit oder nach Wiener Zeit erschieß'? ... Sieben ... ja, warum grad sieben? ... Als wenn's garnicht anders sein
könnt' ... Hunger hab' ich – meiner Seel', ich hab' Hunger
– kein Wunder ... seit wann hab' ich denn nichts gegessen? ... Seit – seit gestern sechs Uhr abends im Kaffeehaus ... ja! Wie mir der Kopetzky das Billet gegeben hat –
eine Melange und zwei Kipfel. – Was der Bäckermeister sagen wird, wenn er's erfahrt? ... der verfluchte Hund! – Ah,
der wird wissen, warum – dem wird der Knopf aufgehn –
der wird draufkommen, was es heißt: Offizier! – So ein
Kerl kann sich auf offener Straße prügeln lassen, und es hat
keine Folgen, und unsereiner wird unter vier Augen insul-
tiert und ist ein toter Mann ... Wenn sich so ein Fallot wenigstens schlagen möcht' – aber nein, da wär' er ja vorsich-
tiger, da möcht' er so was nicht riskieren ... Und der Kerl
lebt weiter, ruhig weiter, während ich – krepieren muss! –
Der hat mich doch umgebracht ... Ja, Gustl, merkst D'
was? – der ist es, der Dich umbringt! Aber so glatt soll's
ihm doch nicht ausgeh'n! – Nein, nein, nein! Ich werd' dem
Kopetzky einen Brief schreiben, wo alles drinsteht, die
ganze G'schicht' schreib' ich auf ... oder noch besser: ich
schreib's dem Obersten, ich mach' eine Meldung an's Regimentskommando ... ganz wie eine dienstliche Meldung ...
Ja, wart', Du glaubst, dass so was geheim bleiben kann? –
Du irrst Dich – aufgeschrieben wird's zum ewigen Ge-
dächtnis, und dann möcht' ich sehen, ob Du Dich noch in's
Kaffeehaus traust! – Ha! – »das möcht' ich sehen«, ist
gut! ... Ich möcht' noch manches gern seh'n, wird nur lei-
der nicht möglich sein – aus is! –

Jetzt kommt der Johann in mein Zimmer, jetzt merkt er,
dass der Herr Lieutenant nicht zu Haus geschlafen hat. –
Na, alles Mögliche wird er sich denken; aber dass der Herr
Lieutenant im Prater übernachtet hat, das, meiner Seel', das
nicht ... Ah, die Vierundvierziger! zur Schießstätte mar-

---

7 **Melange:** von frz. *mélange* ›Vermischung‹ entspricht in etwa einem Milchkaffee | 7 **Kip-
fel:** Hörnchen (Gebäck) | 9 **der Knopf aufgehn:** ein Licht aufgehen | 12 f. **insultiert:** belei-
digt | 13 **Fallot:** Betrüger, Gauner | 34 **Vierundvierziger:** ungarisches Infanterieregiment

schieren s' – lassen wir sie vorübergehn ... so, stellen wir
uns daher ... – Da oben wird ein Fenster aufgemacht –
hübsche Person – na, ich möcht' mir wenigstens ein Tü-
chel umnehmen, wenn ich zum Fenster geh' ... Vorigen
Sonntag war's zum letzten Mal ... Dass grad die Steffi die   5
Letzte sein wird, hab' ich mir nicht träumen lassen. – Ach
Gott, das ist doch das einzige reelle Vergnügen. ... Na ja,
der Herr Oberst wird in zwei Stunden nobel nachreiten ...
die Herren haben's gut – ja, ja, rechts g'schaut! – Ist schon
gut ... Wenn Ihr wüsstet, wie ich auf Euch pfeif'! – Ah, das   10
ist nicht schlecht: der Katzer ... seit wann ist denn der zu
den Vierundvierzigern übersetzt? – Servus, servus! – Was
der für ein G'sicht macht? ... Warum deut' er denn auf seinen Kopf? – Mein Lieber, Dein Schädel interessiert mich
sehr wenig ... Ah, so! Nein, mein Lieber, Du irrst Dich: im   15
Prater hab' ich übernachtet ... wirst schon heut' im Abend-
blatt lesen. – »Nicht möglich!« wird er sagen; »heut' früh,
wie wir zur Schießstätte ausgerückt sind, hab' ich ihn noch
auf der Praterstraße getroffen!« – Wer wird denn meinen
Zug kriegen? – Ob sie ihn dem Walterer geben werden? –   20
Na, da wird was Schönes herauskommen – ein Kerl ohne
Schneid, der hätt' auch lieber Schuster werden sollen ...
Was, geht schon die Sonne auf? – Das wird heut' ein schöner Tag – so ein rechter Frühlingstag ... Ist doch eigentlich
zum Teufelholen! – der Komfortabelkutscher wird noch   25
um achte in der Früh auf der Welt sein, und ich ... na, was
ist denn das? He, das wär' so was – noch im letzten Moment
die Kontenance verlieren wegen einem Komfortabelkutscher ... Was ist denn das, dass ich auf einmal so ein blödes
Herzklopfen krieg'? – Das wird doch nicht deswegen   30
sein ... Nein, o nein ... es ist, weil ich so lang' nichts gegessen hab'. – – Aber Gustl, sei doch aufrichtig mit Dir selber:
– Angst hast Du – Angst, weil Du's noch nie probiert
hast ... Aber das hilft Dir ja nichts, die Angst hat noch kei-

---

8 **nobel:** hier: gemächlich | 20 **Zug:** militärische Einheit | 22 **Schneid:** Mut | 25 **Komforta-
belkutscher:** Kutscher einer einspännigen Mietkutsche | 28 **Kontenance:** (frz.) Haltung

nem was geholfen, jeder muss es einmal durchmachen, der
eine früher, der andere später, und Du kommst halt früher
dran … Viel wert bist Du ja nie gewesen, so benimm Dich
wenigstens anständig zu guter Letzt, das verlang' ich von
Dir! – So, jetzt heißt's nur überlegen – aber was denn? …
Immer will ich mir was überlegen … ist doch ganz einfach:
– im Nachtkastelladel liegt er, geladen ist er auch, heißt's
nur: losdrucken – das wird doch keine Kunst sein! – –
    Die geht schon in's G'schäft … die armen Mädeln! – Die
Adel' war auch in einem G'schäft – ein paar Mal hab' ich
sie am Abend abg'holt … Wenn sie in einem G'schäft sind,
werd'n sie doch keine solchen Menscher … Wenn die Steffi
mir allein g'hören möcht', ich ließ sie Modistin werden
oder so was … Wie wird sie's denn erfahren? – Aus der Zeitung! … Sie wird sich ärgern, dass ich ihr's nicht geschrieben hab' … Mir scheint, ich schnapp' doch noch über …
Was geht denn das mich an, ob sie sich ärgert … Wie lang'
hat denn die ganze G'schicht' gedauert? … Seit'm Jän-
ner? … Ah nein, es muss doch schon vor Weihnachten gewesen sein … ich hab' ihr ja aus Graz Zuckerln mitge-
bracht, und zu Neujahr hat sie mir ein Brieferl g'schickt …
Richtig, die Briefe, die ich zu Haus hab' – sind keine da, die
ich verbrennen sollt'? … Hm, der vom Fallsteiner – wenn
man den Brief findet … der Bursch könnt' Unannehmlichkeiten haben … Was mir das schon aufliegt! – Na, es ist ja
keine große Anstrengung … aber hervorsuchen kann ich
den Wisch nicht … Das Beste ist, ich verbrenn' alles zusammen … wer braucht's denn? Ist lauter Makulatur. –   Und
meine paar Bücher könnt' ich dem Blany vermachen. –
»Durch Nacht und Eis« … schad', dass ich's nimmer ausle-
sen kann … bin wenig zum Lesen gekommen in der letzten
Zeit … Orgel – ah, aus der Kirche … Frühmesse – bin
schon lang' bei keiner gewesen … das letzte Mal im Feber,
wie mein Zug dazu kommandiert war … Aber das gilt

---

7 **Nachtkastelladel:** Nachttischschublade | 13 **Modistin:** Hutmacherin | 18 f. **Jänner:**
Januar | 20 **Zuckerln:** Bonbons | 25 **Was mir das schon aufliegt:** Was mich das schon
kümmert | 28 **Makulatur:** Abfall | 33 **Feber:** Februar

nichts – ich hab' auf meine Leut' aufgepasst, ob sie andäch-
tig sind und sich ordentlich benehmen … – Möcht' in die
Kirche hineingehn … am End' ist doch was dran … – Na,
heut' nach Tisch werd' ich's schon genau wissen … Ah,
»nach Tisch« ist sehr gut! … Also, was ist, soll ich hinein-   5
geh'n? – Ich glaub', der Mama wär's ein Trost, wenn sie das
wüsst'! … Die Klara gibt weniger drauf … Na, gehn wir
hinein – schaden kann's ja nicht!

Orgel – Gesang – hm! – was ist denn das? – Mir ist ganz
schwindlig … O Gott, o Gott, o Gott! ich möcht' einen   10
Menschen haben, mit dem ich ein Wort reden könnt' vorher! – Das wär' so was – zur Beicht' gehn! Der möcht' Augen machen, der Pfaff', wenn ich zum Schluss sagen
möcht': Habe die Ehre, Hochwürden, jetzt geh' ich mich
umbringen! … – Am liebsten läg' ich da auf dem Steinbo-   15
den und tät' heulen … Ah nein, das darf man nicht tun!
Aber weinen tut manchmal so gut. … Setzen wir uns einen
Moment – aber nicht wieder einschlafen wie im Prater! … –
Die Leut', die eine Religion haben, sind doch besser dran …
Na, jetzt fangen mir gar die Händ' zu zittern an! … Wenn's   20
so weitergeht, werd' ich mir selber auf die Letzt' so ekelhaft, dass ich mich vor lauter Schand' umbring'! – Das alte
Weib da – um was betet denn die noch? … Wär' eine Idee,
wenn ich ihr sagen möcht': Sie, schließen Sie mich auch
ein … ich hab' das nicht ordentlich gelernt, wie man das   25
macht … Ha! mir scheint, das Sterben macht blöd'! – Aufstehn! – Woran erinnert mich denn nur die Melodie? – Heiliger Himmel! gestern Abend! – Fort, fort! das halt' ich gar
nicht aus! … Pst! keinen solchen Lärm, nicht mit dem Säbel scheppern – die Leut' nicht in der Andacht stören – so!   30
– doch besser im Freien … Licht … Ah, es kommt immer
näher – wenn es lieber schon vorbei wär'! – Ich hätt's gleich
tun sollen – im Prater … man sollt' nie ohne Revolver ausgeh'n … Hätt' ich gestern Abend einen gehabt … Herrgott

---

21 **auf die Letzt':** zum Schluss noch

noch einmal! – In das Kaffeehaus könnt' ich geh'n frühstücken … Hunger hab' ich … Früher ist's mir immer son-
derbar vorgekommen, dass die Leut', die verurteilt sind, in
der Früh noch ihren Kaffee trinken und ihr Zigarrl rauchen … Donnerwetter, geraucht hab' ich gar nicht! gar keine Lust zum Rauchen! – Es ist komisch: ich hätt' Lust, in
mein Kaffeehaus zu geh'n … Ja, aufgesperrt ist schon, und
von uns ist jetzt doch keiner dort – und wenn schon … ist
höchstens ein Zeichen von Kaltblütigkeit. »Um sechs hat er
noch im Kaffeehaus gefrühstückt, und um sieben hat er
sich erschossen« … – Ganz ruhig bin ich wieder … das Gehen ist so angenehm – und das Schönste ist, dass mich keiner zwingt. – Wenn ich wollt', könnt' ich noch immer den
ganzen Krempel hinschmeißen … Amerika … Was ist das:
»Krempel«? Was ist ein »Krempel«? Mir scheint, ich hab'
den Sonnenstich! … Oho, bin ich vielleicht deshalb so ruhig, weil ich mir noch immer einbild', ich muss nicht? …
Ich muss! Ich muss! Nein, ich will! – Kannst Du Dir denn
überhaupt vorstellen, Gustl, dass Du Dir die Uniform aus-
ziehst und durchgehst? Und der verfluchte Hund lacht sich
den Buckel voll – und der Kopetzky selbst möcht' Dir
nicht mehr die Hand geben … Mir kommt vor, ich bin jetzt
ganz rot geworden. – … Der Wachmann salutiert mir …
ich muss danken … »Servus!« – Jetzt hab' ich gar »Servus«
gesagt! … Das freut so einen armen Teufel immer … Na,
über mich hat sich keiner zu beklagen gehabt – außer
Dienst war ich immer gemütlich. – Wie wir auf Manöver
waren, hab' ich den Chargen von der Kompagnie Britanni-
kas geschenkt; – einmal hab' ich gehört, wie ein Mann hinter mir bei den Gewehrgriffen was von »verfluchter Racke-
rei« g'sagt hat, und ich hab' ihn nicht zum Rapport geschickt – ich hab' ihm nur gesagt: »Sie, passen S' auf,
das könnt' einmal wer anderer hören – da ging's Ihnen
schlecht!« … Der Burghof … Wer ist denn heut' auf

---

28 **Chargen:** Unteroffizieren und Offizieren | 28 f. **Britannikas:** Zigarrenmarke | 31 **Rap-
port:** dienstliche Meldung

Wach'? – Die Bosniaken – schau'n gut aus – der Oberst-
leutnant hat neulich g'sagt: Wie wir im 78er Jahr unten waren, hätt' keiner geglaubt, dass uns die einmal so parieren
werden! ... Herrgott, bei so was hätt' ich dabei sein mögen!
– Da stehn sie alle auf von der Bank. – Servus, servus! – 5
Das ist halt zuwider, dass unsereiner nicht dazu kommt. –
Wär' doch schöner gewesen, auf dem Feld der Ehre, für's
Vaterland, als so ... Ja, Herr Doktor, Sie kommen eigentlich
gut weg! ... Ob das nicht einer für mich übernehmen
könnt'? – Meiner Seel', das sollt' ich hinterlassen, dass sich 10
der Kopetzky oder der Wymetal an meiner Statt mit dem
Kerl schlagen. ... Ah, so leicht sollt' der doch nicht davon-
kommen! – Ah, was! Ist das nicht egal, was nachher geschieht? Ich erfahr's ja doch nimmer! – Da schlagen die
Bäume aus ... Im Volksgarten hab' ich einmal eine ange- 15
sprochen – ein rotes Kleid hat sie angehabt – in der Strozzigasse hat sie gewohnt – nachher hat sie der Rochlitz über-
nommen ... Mir scheint, er hat sie noch immer, aber er
red't nichts mehr davon – er schämt sich vielleicht ... Jetzt
schlaft die Steffi noch ... so lieb sieht sie aus, wenn sie 20
schlaft ... als wenn sie nicht bis fünf zählen könnt'! – Na,
wenn sie schlafen, schau'n sie alle so aus! – Ich sollt' ihr
doch noch ein Wort schreiben ... warum denn nicht? Es
tut's ja doch ein jeder, dass er vorher noch Briefe schreibt. –
Auch der Klara sollt' ich schreiben, dass sie den Papa und 25
die Mama tröstet – und was man halt so schreibt! – und
dem Kopetzky doch auch ... Meiner Seel', mir kommt vor,
es wär' viel leichter, wenn man ein paar Leuten Adieu gesagt hätt' ... Und die Anzeige an das Regimentskommando
– und die hundertsechzig Gulden für den Ballert ... eigent- 30
lich noch viel zu tun ... Na, es hat's mir ja keiner g'schafft,
dass ich's um sieben tu' ... von acht an ist noch immer Zeit
genug zum Totsein! ... Totsein, ja – so heißt 's – da kann
man nichts machen ...

---

1 **Bosniaken:** abwertende Bezeichnung für Soldaten aus Bosnien | 3 **parieren:** gehor-
chen | 31 **g'schafft:** befohlen

Ringstraße – jetzt bin ich ja bald in meinem Kaffeehaus ... Mir scheint gar, ich freu' mich auf's Frühstück ...
es ist nicht zum glauben. – – Ja, nach dem Frühstück zünd'
ich mir eine Zigarr' an, und dann geh' ich nach Haus und
5 schreib' ... Ja, vor allem mach' ich die Anzeige an's Kom-
mando; dann kommt der Brief an die Klara – dann an den
Kopetzky – dann an die Steffi ... Was soll ich denn dem
Luder schreiben? ... »Mein liebes Kind, Du hast wohl nicht
gedacht« ... – Ah, was, Unsinn! – »Mein liebes Kind, ich
10 danke Dir sehr« ... – »Mein liebes Kind, bevor ich von hin-
nen gehe, will ich es nicht verabsäumen« ... – Na, Brief-
schreiben war auch nie meine starke Seite ... »Mein liebes
Kind, ein letztes Lebewohl von Deinem Gustl« ... – Die
Augen, die sie machen wird! Ist doch ein Glück, dass ich
15 nicht in sie verliebt war ... das muss traurig sein, wenn man
eine gern hat und so ... Na, Gustl, sei gut: so ist es auch
traurig genug ... Nach der Steffi wär' ja noch manche andere gekommen, und am End' auch eine, die was wert ist –
junges Mädel aus guter Familie mit Kaution – es wär' ganz
20 schön gewesen ... – Der Klara muss ich ausführlich schreiben, dass ich nicht hab' anders können ... »Du musst mir
verzeihen, liebste Schwester, und bitte, tröste auch die lie-
ben Eltern. Ich weiß, dass ich Euch allen manche Sorge gemacht habe und manchen Schmerz bereitet; aber glaube
25 mir, ich habe Euch alle immer sehr lieb gehabt, und ich
hoffe, Du wirst noch einmal glücklich werden, meine liebe
Klara, und Deinen unglücklichen Bruder nicht ganz vergessen« ... – Ah, ich schreib' ihr lieber gar nicht! ... Nein, da
wird mir zum Weinen ... es beißt mich ja schon in den Au-
30 gen, wenn ich dran denk' ... Höchstens dem Kopetzky
schreib' ich – ein kameradschaftliches Lebewohl, und er
soll's den andern ausrichten ... – Ist's schon sechs? – Ah,
nein: halb – dreiviertel. – Ist das ein liebes G'sichtel! ... der
kleine Fratz mit den schwarzen Augen, den ich so oft in

19 **Kaution:** hier: Mitgift

der Florianigasse treff'! – was die sagen wird? – Aber die weiß ja gar nicht, wer ich bin – die wird sich nur wundern, dass sie mich nimmer sieht ... Vorgestern hab' ich mir vorgenommen, das nächste Mal sprech' ich sie an. – Kokettiert hat sie genug ... so jung war die – am End' war die gar noch eine Unschuld! ... Ja, Gustl! Was Du heute kannst besorgen, das verschiebe nicht auf morgen! ... Der da hat sicher auch die ganze Nacht nicht geschlafen. – Na, jetzt wird er schön nach Haus gehn und sich niederlegen – ich auch! – Haha! jetzt wird's ernst, Gustl, ja! ... Na, wenn nicht einmal das bissl Grausen wär', so wär' ja schon gar nichts dran – und im Ganzen, ich muss's schon selber sagen, halt' ich mich brav ... Ah, wohin denn noch? Da ist ja schon mein Kaffeehaus ... auskehren tun sie noch ... Na, geh'n wir hinein ...

Da hinten ist der Tisch, wo die immer Tarok spielen ... Merkwürdig, ich kann mir's gar nicht vorstellen, dass der Kerl, der immer da hinten sitzt an der Wand, derselbe sein soll, der mich ... – Kein Mensch ist noch da ... Wo ist denn der Kellner? ... He! Da kommt er aus der Küche ... er schlieft schnell in den Frack hinein ... Ist wirklich nimmer notwendig! ... ah, für ihn schon ... er muss heut' noch andere Leut' bedienen! –

» »Habe die Ehre, Herr Lieutenant!« «

»Guten Morgen.«

» »So früh heute, Herr Lieutenant?« «

»Ah, lassen S' nur – ich hab' nicht viel Zeit, ich kann mit'm Mantel dasitzen.«

» »Was befehlen Herr Lieutenant?« «

»Eine Melange mit Haut.«

» »Bitte gleich, Herr Lieutenant!« «

Ah, da liegen ja Zeitungen ... schon heutige Zeitungen? ... Ob schon was drinsteht? ... Was denn? – Mir scheint, ich will nachsehn, ob drinsteht, dass ich mich umgebracht hab'!

---

4 **Kokettiert:** geflirtet | 16 **Tarok:** Kartenspiel | 21 **schlieft:** schlüpft | 30 **mit Haut:** mit der sich auf heißer Milch bildenden Haut

Haha! – Warum steh' ich denn noch immer? ... Setzen wir
uns da zum Fenster ... Er hat mir ja schon die Melange hin-
gestellt ... So, den Vorhang zieh' ich zu; es ist mir zuwider,
wenn die Leut' hereingucken ... Es geht zwar noch keiner
5 vorüber ... Ah, gut schmeckt der Kaffee – doch kein leerer
Wahn, das Frühstücken! ... Ah, ein ganz anderer Mensch
wird man – der ganze Blödsinn ist, dass ich nicht genacht-
mahlt hab' ... Was steht denn der Kerl schon wieder da? –
Ah, die Semmeln hat er mir gebracht ...
10 » »Haben Herr Lieutenant schon gehört?« « ...
»Was denn?« Ja, um Gotteswillen, weiß der schon
was? ... Aber Unsinn, es ist ja nicht möglich!
» »Den Herrn Habetswallner ...« «
Was? So heißt ja der Bäckermeister ... was wird der jetzt
15 sagen? ... Ist der am End' schon dagewesen? Ist er am End'
gestern noch dagewesen und hat's erzählt? ... Warum red't
er denn nicht weiter? ... Aber, er red't ja ...
» » ... hat heut' Nacht um zwölf der Schlag getroffen.« «
»Was?« ... Ich darf nicht so schreien ... nein, ich darf mir
20 nichts anmerken lassen ... aber vielleicht träum' ich ... ich
muss ihn noch einmal fragen ... »Wen hat der Schlag getroffen?« – Famos, famos! – ganz harmlos hab' ich das
g'sagt! –
» »Den Bäckermeister, Herr Lieutenant! ... Herr Lieute-
25 nant werd'n ihn ja kennen ... na, den Dicken, der jeden
Nachmittag neben die Herren Offiziere seine Tarokpartie
hat ... mit'n Herrn Schlesinger und 'n Herrn Wasner von
der Kunstblumenhandlung vis-à-vis!« «
Ich bin ganz wach – stimmt alles – und doch kann ich's
30 noch nicht recht glauben – ich muss ihn noch einmal fragen ... aber ganz harmlos ...
»Der Schlag hat ihn getroffen? ... Ja, wieso denn? Woher
wissen S' denn das?«
» »Aber, Herr Lieutenant, wer soll's denn früher wissen,

---

9 **Semmeln:** Brötchen | 22 **Famos:** hier: sehr gut | 28 **vis-à-vis:** gegenüber

als unsereiner – die Semmel, die der Herr Lieutenant da essen, ist ja auch vom Herrn Habetswallner. Der Bub, der uns das Gebäck um halber fünfe in der Früh bringt, hat's uns erzählt.« «

Um Himmelswillen, ich darf mich nicht verraten ... ich   5
möcht' ja schreien ... ich möcht' ja lachen ... ich möcht' ja
dem Rudolf ein Bussel geben ... Aber ich muss ihn noch
was fragen! ... Vom Schlag getroffen werden, heißt noch
nicht: tot sein ... ich muss fragen, ob er tot ist ... aber ganz
ruhig, denn was geht mich der Bäckermeister an – ich muss   10
in die Zeitung schau'n, während ich den Kellner frag' ...

»Ist er tot?«

» »Na, freilich, Herr Lieutenant; auf'm Fleck ist er tot
geblieben.« «

O, herrlich, herrlich! – Am End' ist das alles, weil ich in   15
der Kirchen g'wesen bin ...

» »Er ist am Abend im Theater g'wesen; auf der Stiegen
ist er umg'fallen – der Hausmeister hat den Krach g'hört ...
na, und dann haben s' ihn in die Wohnung getragen, und
wie der Doktor gekommen ist, war's schon lang' aus.« «   20

»Ist aber traurig. Er war doch noch in den besten Jahren.« – Das hab' ich jetzt famos gesagt – kein Mensch
könnt' mir was anmerken ... und ich muss mich wirklich
zurückhalten, dass ich nicht schrei' oder auf 's Billard
spring' ...   25

» »Ja, Herr Lieutenant, sehr traurig; war ein so lieber
Herr, und zwanzig Jahr' ist er schon zu uns kommen – war
ein guter Freund von unserm Herrn. Und die arme
Frau ...« «

Ich glaub', so froh bin ich in meinem ganzen Leben nicht   30
gewesen ... Tot ist er – tot ist er! Keiner weiß was, und
nichts ist g'schehn! – Und das Mordsglück, dass ich in das
Kaffeehaus gegangen bin ... sonst hätt' ich mich ja ganz
umsonst erschossen – es ist doch wie eine Fügung des

---

7 **Bussel:** Kuss | 24 **Billard:** Billardtisch

Schicksals ... Wo ist denn der Rudolf? – Ah, mit dem
Feuerburschen red't er ... – Also, tot ist er – tot ist er – ich
kann's noch gar nicht glauben! Am liebsten möcht' ich hin-
gehn, um's zu sehn. – – Am End' hat ihn der Schlag getroffen aus Wut, aus verhaltenem Zorn ... Ah, warum, ist mir
ganz egal! Die Hauptsach' ist: er ist tot, und ich darf leben,
und alles g'hört wieder mein! ... Komisch, wie ich mir da
immerfort die Semmel einbrock', die mir der Herr Habetswallner gebacken hat! Schmeckt mir ganz gut, Herr von
Habetswallner! Famos! – So, jetzt möcht' ich noch ein Zigarrl rauchen ...

»Rudolf! Sie, Rudolf! Sie, lassen S' mir den Feuerburschen dort in Ruh'!«

» »Bitte, Herr Lieutenant!« «

»Trabucco« ... – Ich bin so froh, so froh! ... Was mach'
ich denn nur? ... Was mach' ich denn nur? ... Es muss ja
was geschehn, sonst trifft mich auch noch der Schlag vor
lauter Freud'! ... In einer Viertelstund' geh' ich hinüber in
die Kasern' und lass mich vom Johann kalt abreiben ... um
halb acht sind die Gewehrgriff', und um halb zehn ist
Exerzieren. – Und der Steffi schreib' ich, sie muss sich für
heut' Abend frei machen, und wenn's Graz gilt! Und
Nachmittag um vier ... na wart', mein Lieber, wart', mein
Lieber! Ich bin grad gut aufgelegt ... Dich hau' ich zu
Krenfleisch!

Reichenau, 13.–17. Juli 1900.

---

2 **Feuerburschen:** Arbeiter, der in Gasthäusern die Öfen befeuert | 15 **Trabucco:** Zigarren-
marke | 22 **wenn's Graz gilt:** um jeden Preis | 25 **Krenfleisch:** gekochtes, kleingeschnitte-
nes Rindfleisch in Meerrettichsoße

Anhang

1. Zur Textgestalt

Der Werktext der vorliegenden Ausgabe ist seiten- und zeilengleich mit der von Konstanze Fliedl herausgegebenen Ausgabe der Universal-Bibliothek Nr. 18156; er folgt der ersten Buchausgabe:

Arthur Schnitzler: Lieutenant Gustl. Berlin: S. Fischer, 1901.

Im Bereich der Laut-Buchstaben-Verbindung wurde die Orthographie behutsam dem heutigen Gebrauch angeglichen. Umlaute in Großbuchstaben (»Ae«, »Oe«, »Ue«) werden als »Ä«, »Ö«, »Ü« wiedergegeben und seltene Fälle von zwei oder vier Auslassungspunkten zu drei Punkten vereinheitlicht.

Die Schreibweise und Zeichensetzung der Erstausgabe wurde weitgehend beibehalten, insbesondere die Schreibung von Fremdwörtern wie »Lieutenant«, »nervos«, »Buffet«, »Kour« (für frz. *cour*), »Kontenance« (für frz. *contenance*), »Tarok« wurde belassen. Ein orthographisches Charakteristikum der Erstausgabe erscheint besonders signifikant: Die direkte Rede Gustls steht in einfachen, die anderer Figuren jedoch in doppelten Anführungszeichen ([Bäckermeister:] »»Geduld, Geduld!««); im neuen Medium des ›Inneren Monologs‹ sollten also Gustls Äußerungen und die von außen kommenden Worte deutlich voneinander zu unterscheiden sein. Dieses ausdrückliche Mittel zur Lesersteuerung wird beibehalten. Eine weitere Eigenheit ist die gelegentliche Kleinschreibung nach Ruf- oder Fragezeichen; sie wurde als Stilmittel des fortlaufenden ›Inneren Monologs‹ ebenso beibehalten wie Gustls großgeschriebene Anreden an sich selbst.

Orthographische Inkonsequenzen der Erstausgabe bei Groß- und Kleinschreibung sowie Getrennt- und Zusammenschreibung wurden, neben einem fehlenden Anführungszeichen (44,29), korrigiert.

Zu den Wort- und Sacherläuterungen

Die Wort- und Sacherläuterungen basieren in Teilen auf den Erläuterungen in: Arthur Schnitzler, *Lieutenant Gustl*, hrsg. von Konstanze Fliedl, mit Anm. und Literaturhinweisen von Evelyne Polt-Heinzl, Stuttgart: Reclam, 2002 [u. ö.], und: Evelyne Polt-Heinzl, *Erläuterungen und Dokumente. Arthur Schnitzler: »Lieutenant Gustl«*, Stuttgart: Reclam, 2000 [u. ö.].

2. Anmerkungen

5 [Titel] **Lieutenant:** Leutnant; zur Zeit der Erstausgabe (1901) gebräuchliche Orthographie.

5 [Titel] **Gustl:** Spitz-/Kosename von Gustav oder August; verweist womöglich auf den ›dummen‹ oder ›törichten August‹.

7,7 **Was ... eigentlich?:** Am 4. April 1900, dem Handlungstag der Novelle (Mittwoch der Karwoche), führte der Evangelische Singverein im Wiener Musiksaal *Paulus. Oratorium nach Worten der heiligen Schrift* von Felix Mendelssohn-Bartholdy (1809–1847) auf.

7,9 **Oratorium:** meist geistliches Werk für Soli, Chor und Orchester in konzertanter Aufführung.

8,1 **Alt ... Sopran:** Stimmlagen (Gesang).

8,1 **Fräulein Walker:** Edyth Walker (1867–1950); berühmte Oratoriensängerin, bedeutendste Altistin der Zeit.

8,2 **Fräulein Michalek:** Margarethe Merlitschek (geb. Michalek, 1875–1944); von 1897 bis 1910 Operettensängerin an der Wiener Hofoper.

8,17 **Singvereins:** Der Evangelische Singverein wurde 1818 gegründet und bestand bis in die 1920er Jahre.

8,25 **Virginia:** lange, dünne Zigarre mit eingefügtem Mundstück aus Stroh (die auch Kaiser Franz Joseph geraucht haben soll).

9,9 **Gartenbaugesellschaft:** Gebäude der Gartenbaugesellschaft am Parkring im I. Bezirk; beliebter Veranstaltungsort für Bälle und Tänze.

9,30 **Kaffeehaus:** Der Schriftsteller Stefan Zweig (1881–1942) beschreibt das Kaffeehaus in seinem Buch *Die Welt von Gestern* als eine »Institution besonderer Art [...], die mit keiner ähnlichen der Welt zu vergleichen ist. Es ist eigentlich eine Art demokratischer, jedem für eine billige Schale Kaffee zugänglicher Klub, wo jeder Gast [...] stundenlang sitzen, diskutieren, schreiben, Karten spielen, seine Post empfangen und vor allem eine unbegrenzte Zahl von Zeitschriften und Zeitungen konsumieren kann« (Zweig, S. 54).

9,32 **Hundertsechzig Gulden auf einem Sitz verspielt:** Ohne den Tisch zu verlassen, hat Gustl etwa den damaligen durchschnittlichen Monatslohn eines Arbeiters verspielt.

11,22 **Chinesen:** 1899 brach in China der sog. Boxeraufstand aus, der 1900/01 von einem Expeditionskorps der europäischen Großmächte niedergeworfen wurde, um die dort lebenden Europäer zu schützen. – Ein vermutlich um 1900 entstandenes, nicht veröffentlichtes Fragment Schnitzlers trägt den Namen *Boxeraufstand.*

12,11 **Kadettenschulen:** Die Kadettenschulen der österreichisch-ungarischen Monarchie standen allen Vierzehnjährigen mit normaler Schulbildung offen und boten vor allem den Söhnen aus dem kleinen und mittleren Bürgertum Aufstiegschancen. Als Aufsteiger befanden sich diese aus den Kadettenschulen hervorgegangenen mittelständischen Offiziere dem traditionell adligen Offizierskorps, aber auch dem gehobenen Bürgertum gegenüber allerdings oft in einer konfliktreichen Situation, da sie als zweitklassig galten. Gustl, der aus kleinen Verhältnissen stammt, verkörpert idealtypisch den Klassenaufsteiger mit Hilfe der militärischen Laufbahn.

19,14 **Ehrenrat:** Kommission, die sich aus Offizieren zusammensetzte und die Ehre des Offiziersstandes zu wahren suchte und gegen Mitglieder vorging, die diese verletzten.

20,21 **ganz wehrlos sind wir gegen die Zivilisten:** Gustl hätte nach dem damaligen militärischen Ehrenkodex den Bäckermeister sofort mit seiner Waffe bedrohen und zum Widerruf zwingen müssen, aber gerade das hat der Bäckermeister verhindert. Eine gerichtliche Klage ist für Gustl nicht ratsam, denn dann würde er die Beleidigung öffentlich schildern und somit bekannt machen müssen. Ein Duell ist nicht möglich, da dies nach militärischen Regeln nur mit sozial gleichrangigen Personen gestattet war – eine Eigenschaft, die auf einen mittelständischen Bäcker nicht zutraf.

20,33 **Mandat:** Auftrag, bei dem am nächsten Tag stattfindenden Duell Gustls Sekundanten zu sein. Jeder Duellant stellt zwei Sekundanten. Sie überbringen die Duellforderung, vereinbaren die Bedingungen und fungieren als Zeugen.

22,21 **die Einjährigen:** damals relativ neues Institut des Reserveoffiziers, das Einjährig-Freiwilligen nach Ablauf ihrer Dienstzeit die gleichen Privilegien einräumte wie Berufsoffizieren. Teile des Offizierskorps erlebten die Einrichtung als gefährlichen Verlust sozialer Exklusivität. Auch Schnitzler absolvierte ab Oktober 1882 seine Militärzeit als Einjährig-Freiwilliger in einem Garnisonsspital.

25,5 **Prater:** weitläufiges Augebiet an der Donau im Nordosten Wiens. Ab 1766 entstand zur Stadt hin gelegenen Teil ein großer Vergnügungspark, Volks- oder Wurstelprater genannt.

34,27 f. **Tegetthoffsäule:** Denkmal auf dem Praterstern (ii. Bezirk) zu Ehren des Admirals der österreichisch-ungarischen Kriegsmarine Wilhelm von Tegetthoff (1827–1871).

34,34 f. **nach Bahnzeit oder nach Wiener Zeit:** Die Eisenbahn machte die 1893 mit einer internationalen Vereinbarung festgesetzte Regelung für die bürgerliche Einheitszeit (für Österreich galt die Mitteleuropäische Zeit, die damaligen östlichen Kronländer der Monarchie rechneten nach der Osteuropäischen Zeit) nicht mit, sondern fuhr nach einer gemeinsamen Eisenbahnzeit.

40,2 **im 78er Jahr:** Beginnend mit einem Aufstand in der Herzegowina 1875 entbrannte ein Befreiungskrieg Montenegros und Serbiens gegen das Osmanische Reich, in den sich Russland 1877 einschaltete, um selbst Teile des türkisch beherrschten Balkans zu besetzen. Auf dem Berliner Kongress 1878 beschlossen die europäischen Mächte, als Gegengewicht zu Russland die Besetzung und Verwaltung von Bosnien und Herzegowina unbefristet an Österreich-Ungarn zu übertragen. Ab Ende Juli 1878 besetzten österreichische Truppen diese Länder.

3. Leben und Zeit

Als *Lieutenant Gustl*, dieser erste »innere Monolog« in der deutschsprachigen Literatur, im Jahre 1900 in der Weihnachtsbeilage der *Neuen Freien Presse* erschien (Buchausgabe 1901), stand Arthur Schnitzler noch am Anfang seines literarischen Schaffens. Konstanze Fliedl gibt im folgenden Text einen Überblick über das Leben, das Schnitzler zur Zeit der Jahrhundertwende in Wien führte:

»Auf den ersten Blick ist das Leben des österreichischen Schriftstellers Arthur Schnitzler (1862–1931) gänzlich überschaubar. Geboren in Wien, gestorben in Wien; dazwischen lag eine Autorenkarriere, die vor dem Ersten Weltkrieg, als man Schnitzler den berühmtesten österreichischen Dramatiker nannte, ihren Höhepunkt erreichte. Mediziner wie sein Vater, hatte er sich nach dessen frühem Tod (1893) nur mehr dem Schreiben gewidmet, blieb aber dem Berufsethos der scharfen Beobachtung und diagnostischen Präzision weiter verpflichtet. In der Jugend ein *homme à femmes* und als solcher entsprechend typisch für den Wiener Lebemann im *fin de siècle*, wurde er nach einer späten Eheschließung (1903) ein verantwortungsbewusster Familienvater. Er war, in den neunziger Jahren, Mitglied des ›Jungen Wien‹, der neuen literarischen Avantgarde in Österreich, und damit Kollege und Freund der wichtigsten zeitgenössischen Autoren. Als Jude repräsentierte Schnitzler eine Wiener Bildungselite, die, in der zweiten Generation assimiliert, die kulturelle Innovation in der späten Habsburgermonarchie vorantrieb. Es geht also offenbar um eine plastische Figur, mit einem intakten Leben, zeit- und kulturtypisch modellhaft und als literaturgeschichtlicher ›Vertreter‹ an der rechten Stelle. Möglicherweise kein leichtes Leben – aber leicht zu erzählen.

Sieht man näher hin, so melden sich Zweifel an der Geradlinigkeit – und damit an der Erzählbarkeit – dieses Lebenslaufes. Denn kein Faktum von Schnitzlers Biographie ist ungebrochen und unversehrt geblieben. Die Identität als Schriftsteller entwickelte er spät, nach dem ungeliebten Studium, in ständigen Selbstzweifeln und nach einer entmutigenden Konkurrenz mit dem Vater auf dessen eigenem Feld, der Medizin; seine schriftstellerische Laufbahn führte zwar zu großen Erfolgen, zu Popularität und Ruhm, fiel aber nach dem Zusammenbruch der Habsburgermonarchie stetig ab [...].

In den letzten Jahrzehnten des 19. Jahrhunderts setzten nämlich
abrupte Veränderungen ein, die das Alltagsleben zuerst der urbanen,
später der Gesamtbevölkerung betrafen. Diese Modernitätsschübe
35 wurden auch mental als Erschütterungen empfunden; erschüttert
war die Stabilität einer Lebenswelt, die auf Herkommen und Tra-
dition beruhte. Nun hatte man sich zahlreichen technischen Neue-
rungen, wissenschaftlichen Innovationen, ökonomischen, politischen und gesellschaftlichen Verschiebungen zu stellen. Diese
40 rapiden Entwicklungen wurden auch als individuelle psychische Ir-
ritationen spürbar. Die familiäre Zusammengehörigkeit, die sich
bislang durch Haus und Besitz, Loyalität und Gewohnheit erhalten
hatte, lockerte sich jetzt durch die neue soziale Mobilität. Einrich-
tungsgegenstände, Geschirr und Schmuck, früher über Generatio-
45 nen vererbt, wurden jetzt industriell hergestellt und in kürzeren
Abständen neu erworben. Ihr Warencharakter machte sie als mate-
rielles Familiengedächtnis unbrauchbar.

Diesen Verlusten an Bindung und Dauer entsprachen Phänomene
der Beschleunigung, der ›Plötzlichkeit‹. Die technischen Erfindun-
50 gen im letzten Drittel des 19. Jahrhunderts setzten ein höheres Le-
benstempo in Gang, das alle Bereiche des Alltags erfasste; Wahr-
nehmung, Kommunikation und Fortbewegung waren davon
berührt. Das gilt etwa für das elektrische Licht, das ab den achtziger
Jahren des 19. Jahrhunderts in den europäischen Großstädten ein-
55 geführt wurde. Schon 1882 hatte man in Wien zwei zentrale Plätze,
Stephansplatz und Graben, versuchsweise elektrifiziert und ›taghell‹
erstrahlen lassen. [...] Dass dieser kulturgeschichtliche Wandel
nicht nur als Erhöhung der Bequemlichkeit, sondern auch als mitunter bedrohliche Umstellung sämtlicher Gewohnheiten empfun-
60 den wurde, liegt auf der Hand.

Dazu kamen die politischen und gesellschaftlichen Spannungen
in den letzten Jahrzehnten der österreichisch-ungarischen Monarchie. Die lange Friedensperiode nach 1866 wurde als geschichtlicher
Stillstand empfunden, zugleich verstärkten sich die Nationalitäten-
65 probleme im Vielvölkerstaat; 1897 beispielsweise musste Minister-
präsident Badeni zurücktreten, weil er im Königreich Böhmen eine
Verordnung über die Gleichberechtigung von deutscher und tsche-
chischer Landessprache hatte erlassen wollen. Mit der Gründung
der Sozialdemokratischen Arbeiterpartei (1888/89) durch Victor
70 Adler (1852–1918) konnten verschiedene sozialistische Gruppierun-
gen vereint und organisiert werden; bei den Wahlen von 1907

wurde die SDAP bereits die zweitstärkste Partei im Abgeordneten-
haus. Die 1893 gegründete, antiliberale und antisemitisch orientierte
Christlich-soziale Reichspartei unter Karl Lueger (1844–1910) sollte
dann den ›Modernisierungsverlierern‹, dem Kleinunternehmertum
und den Gewerbetreibenden, eine politische Heimat anbieten. [...]

Unter diesen Bedingungen zeigte sich die kulturelle Topographie
Wiens als eine mitunter verwirrende Gemengelage. Während sich
die Bevölkerung zwischen 1880 und 1910 auf zwei Millionen Ein-
wohner verdreifachte, blieb die Stadt ökonomisch hinter anderen
europäischen Kapitalen zurück; die gesellschaftliche Entwicklung
wurde durch feudale und klerikale Beharrungstendenzen gebremst.
Wien als Standort der ›Moderne‹ war daher ein Schnittpunkt ge-
gensätzlicher, moderner und antimoderner Tendenzen; eben diese
Widersprüchlichkeit, verbunden mit der Vielfalt von Milieus, Spra-
chen und Kulturen im Vielvölkerstaat, ist häufig als Ursache für die
kreative Dichte in Wien um 1900 angegeben worden. Als künstle-
risches und intellektuelles Substrat hat Wien ohne Zweifel gewirkt,
auf Zeitgenossen wie Schnitzler und Hofmannsthal, Gustav Klimt
und Egon Schiele, Otto Wagner und Adolf Loos, Gustav Mahler und
Arnold Schönberg. Ihre Werke stellen Traditionen und Tabus ästhetisch in Frage und reflektieren gleichzeitig die sozialgeschichtli-
chen Kontinuitätsbrüche. Im Zeichen dieser Epochenerfahrung
stellt die ›Wiener Moderne‹ auch die Frage nach der Möglichkeit von
Kunst.

Schnitzlers Lebensgeschichte zeigt daher, wie einer unter den Bedingungen der Moderne, in der traditionelle soziale und gesellschaftliche Übereinkünfte sich auflösten, gelebt hat. Sie zeigt einen
Angehörigen der kulturellen Oberschicht, für den, am Ende der
Epoche, die politischen Erschütterungen von Krieg und Umsturz
auch noch eine rassistische Deklassierung ankündigten.«

Konstanze Fliedl: Arthur Schnitzler. Stuttgart: Reclam, 2005. S. 7–13.

Abb. 1: Arthur Schnitzler als junger Arzt
Fotografie, um 1885

4. Die k. u. k. Doppelmonarchie Österreich-Ungarn und das Fin de siècle

»Die Doppelmonarchie existierte von 1867 bis 1918; sie endete nach Q dem Ersten Weltkrieg mit dem Austritt Ungarns. Die Union beider Länder und ihre gemeinsamen Institutionen, wie etwa die Armee und die Post, bezeichnete man als k. u. k. (kaiserlich und königlich). Das erste ›k.‹ steht für den Titel Kaiser von Österreich, das zweite 5 für den des Apostolischen Königs von Ungarn. Beide Titel trug der Monarch der Realunion, Franz Joseph I., der von 1867 bis zu seinem Tod 1916 herrschte.

Die mächtige Doppelmonarchie war nach Russland und dem Deutschen Reich von den Bevölkerungszahlen her der drittgrößte 10 europäische Staat. Ab 1878 verwaltete die Monarchie noch die Länder Bosnien und Herzegowina, die sie schließlich 1908 annektierte.

Es blieb nicht aus, dass es in diesem Vielvölkerstaat immer wieder zu Spannungen kam. In einer Zeit, in der das nationale Bewusstsein vieler Länder erstarkte, sollte die Doppelmonarchie nicht mehr 15 lange Bestand haben.

Die Spannungen in der k. u. k. Doppelmonarchie registrierten auch ihre führenden Schriftsteller – wie etwa Robert Musil, Hermann Broch, Karl Kraus, Hugo von Hofmannsthal und Arthur Schnitzler – regelrecht seismografisch in ihren Werken. Sie beschrieben vor 20 dem Ersten Weltkrieg die ausgehende Epoche in all ihren Facetten: Sie thematisieren Endzeitstimmung, Zukunftsängste, aber auch Euphorie, Vergänglichkeit, Frivolität, Weltschmerz und die Menschen als Masse. Im Windschatten von Charles Baudelaire und Friedrich Nietzsche spielte die Dekadenz, also der Verfall der kultu- 25 rellen Werte, eine bedeutende Rolle, weil sie der avantgardistischen Kunst den Weg ebnete.

Diese Stimmungen und Befindlichkeiten zeichnen das sogenannte Fin de siècle aus. Diese Bezeichnung taucht zum ersten Mal 1886 in der Zeitschrift *Le Décadent* auf, und 1891 veröffentlicht Her- 30 mann Bahr, der theoretische Kopf der Wiener Moderne, seine Novelle *Fin de siècle*. Sie präsentierte eine künstlerische Gegenkultur zu der durchrationalisierten Lebenswelt der Großstädte, die auch gegen die konservativen Bürger opponierte, indem sie einem Ästhetizismus frönte, der vom Dandy, Snob, der Femme fatale und der 35 Boheme geprägt wurde. Im Mittelpunkt stand eine radikale Ich-Bezogenheit, die von Künstlern ästhetisch perfektioniert wurde;

dabei spielte – wie etwa bei Baudelaire – der rauschhafte Lebens-
genuss eine bedeutende Rolle.

40   Das *Fin de siècle* war nur eine kurze literarische Epoche, auch weil
der Vielvölkerstaat, die Doppelmonarchie, kollabierte, als der desi-
gnierte Nachfolger von Franz Joseph I., der Erzherzog Franz Ferdi-
nand, der den Ländern mehr Selbstbestimmung zugestehen wollte,
am 28. Juni 1914 in Sarajevo (Bosnien) [einem] Attentat [...] zum
45   Opfer fiel. Schließlich begann am 28. Juli 1914 mit der Kriegserklä-
rung der Doppelmonarchie an Serbien der Erste Weltkrieg.«

Mario Leis: Lektüreschlüssel XL. Arthur Schnitzler: *Lieutenant Gustl*.
Stuttgart: Reclam, 2020. S. 42–44.

5. »Das ist nicht schlecht, jetzt bin ich gar im Prater ...« – Lieutenant Gustls Weg durch Wien

Abb. 2: Der Franzensring (heute: Dr.-Karl-Renner-Ring). Fotografie, um 1881/82

Abb. 3: Blick auf den Prater. Zeitgenössische Fotografie

Leutnant Gustls Weg durch Wien lässt sich ziemlich genau nachvollziehen. Im Folgenden werden die Orte in der Reihenfolge ihres ›Auftritts‹ genannt in Klammern stehen jene, die Gustl nur erwähnt, aber auf seinem nächtlichen Gang nicht berührt):

Musikverein, Karlsplatz – (Gasthaus »Zum Grünen Tor«, Lerchenfelder Str. 14) – (Gartenbaugesellschaft, Parkring) – Ring – (Gasthaus Leidinger, Kärntner Straße 61) – (Café Hochleitner ?) – (Reiterkaserne Hamelingplatz) – Aspernbrücke – (Kagran) – (Ronacher, Seilerstätte 9) – (Gußhausstraße) – Prater – Zweites Kaffee-

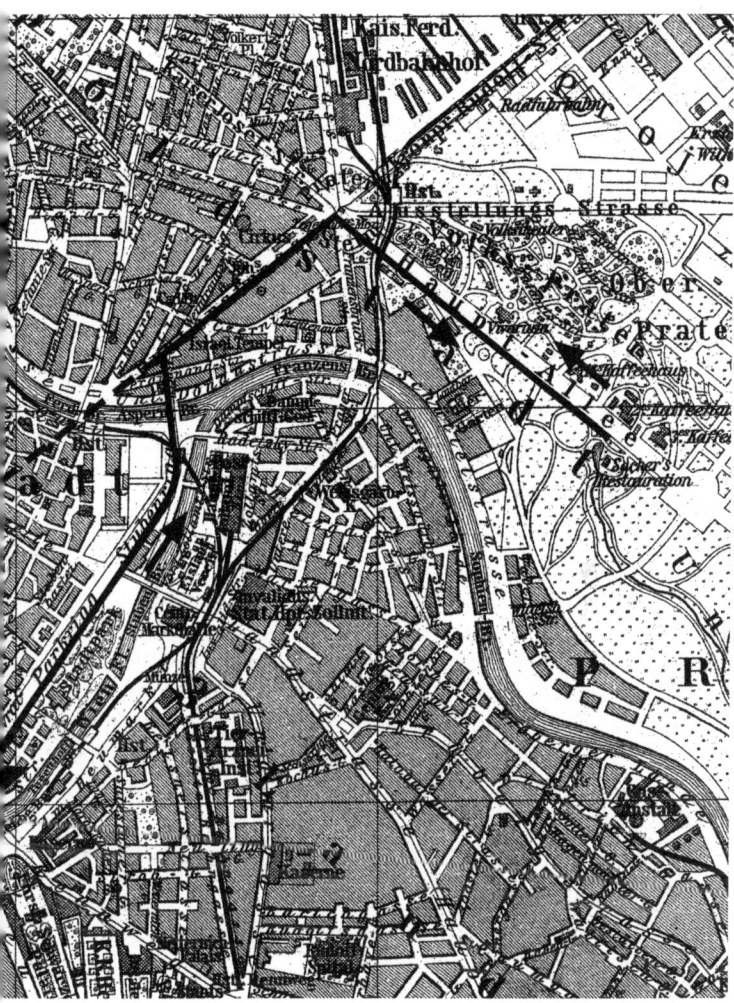

haus, Praterhauptallee 9 – (Gasthaus »Zum Weingartl«, Getreidemarkt 5) – Nordbahnhof, Praterstern – (Schießstätte, Wagramer Straße / Arbeiterstrandbadgasse)
– Praterstraße – Kirche: St.-Nepomuks-Kirche, Praterstraße – Burghof – Volksgarten, Burgring – (Strozzigasse) – (Florianigasse)

Stadtplan von Wien. Aus: Arthur Schnitzler: *Lieutenant Gustl*, hrsg. von Konstanze
Fliedl, Stuttgart 2009 [u. ö.].

6. »Habe die Ehre, Herr Lieutenant …« – Der Ehrbegriff bei *Lieutenant Gustl*

Gero von Wilpert analysiert die beiden Dimensionen des Ehrbegriffs, aus deren Widerspruch die Novelle ihre Spannung bezieht, und setzt dazu auch Schnitzlers Verlust des Offiziersrangs in Beziehung:

»Rezeptionsgeschichtlich gesehen, stellt sich […] die Frage, ob Schnitzlers Novelle noch soweit aktuell ist, daß wir sie, wie viele Interpreten es tun, mit unserer modernen Werteskala messen können, oder ob sie schon soweit historisch zeitgebunden ist, daß ihr

5 volles Verständnis erfordert, sich in die Werteskala der höheren Gesellschaft um die Jahrhundertwende zurückzuversetzen. […]
Tatsache jedenfalls ist, daß der Tod des Bäckers als Zufall in keinem nachweislichen Zusammenhang mit dem Konflikt steht. Tatsache ist ferner, daß Gustls Ehre weder in der Zwischenzeit noch

10 durch den Tod des Bäckers wiederhergestellt worden ist.
Ist denn ein Ehebruch nicht verübt worden, wenn den Ehebrecher tags darauf der Schlag trifft, hat ein Einbruch nicht stattgefunden, wenn der Einbrecher auf der Flucht einem Verkehrsunfall zum Opfer fällt, ist ein Mord nicht geschehen, wenn den Mörder ein

15 Blitz erschlägt? Einmal angenommen, Gustl hätte sich nicht umgebracht und der Bäcker wäre erst zwei Wochen später verstorben, hätte Gustl dann zwei Wochen lang ehrlos gelebt und wäre dann rehabilitiert worden?
Die Beispielreihe praktischer Lebensweisheit erübrigt sich. Denn

20 Gustl, im Moral- und Ehrenkodex seiner Zeit genauer bewandert als seine heutigen Leser, hat ja selbst schon einen lichten Moment lang die richtige Einsicht gehabt, daß auch der Tod des Bäckers an seiner Entehrung nichts ändern würde. [21,11 f.]
Dies ist kein Plädoyer für eine enthumanisierte Literaturwissen-

25 schaft. Wir wollen nicht blutrünstig auf dem Selbstmord Gustls bestehen, sondern ihm sein Weiterleben gönnen. Nur: Seine Ehre hat er nach dem Gesetz, nach dem er angetreten, verloren, und sie ist auch durch das zufällige Ableben des Kontrahenten nicht wieder hergestellt worden. Wenn wir uns auch nur historisch in den Kom-

30 ment und die Ehrpusseligkeit der Jahrhundertwende zurückversetzen können: Gustl war sich dessen bewußt, oder es wird ihm bestenfalls später einmal wieder oder, wahrscheinlicher noch, aus

guten Gründen nie bewußt werden, daß der Tod des Bäckers an seiner verletzten Ehre nicht das geringste ändert.

Für Gustl gibt es eine Entschuldigung, die keine Rechtfertigung   35
ist: sein Überlebenswille, den man ihm so oft abgesprochen hat, ist
stärker als die Vorschrift der Konvention. Und das ist an sich nichts
Schlechtes, wenn er die Kraft hätte, sich wenigstens insgeheim darüber im klaren zu sein, daß er um des Überlebens willen die Konvention geopfert hat, daß er sich gegen die Konvention gewandt   40
und andere Werte ihr vorgezogen hat, daß er seinen einzigen mo-
ralischen Rückhalt, den Ehrenkodex, geopfert hat zugunsten eines
Lebens, dem allein dieser Ehrenkodex noch Glanz und Sinn verlei-
hen konnte. Das geschieht jedoch nicht.

[...] Aus der Ehre, die den Kern des Menschen bestimmte, ist ein   45
bloßer veräußerlichter Popanz geworden, der den inneren Menschen so wenig berührt, daß er gut ohne ihn auskommt, solange es
nur keiner weiß.

So also, in Schnitzlers Novelle, gilt Gustl nur deshalb noch als
Ehrenmann, weil die Beleidigung seiner Ehre keine Zeugen hatte,   50
weil es keiner weiß und weil seine späteren Interpreten es ihm bei
gewandelter Ehrauffassung nachsehen wollen. ›Wenn's einer sieht,
so passt er gerade so wenig auf, wie ich.‹ [7,3 f.] So begann die Novelle. [...]

In dem Wechsel von Rückblicken in die Vergangenheit und von   55
Hoffnungen auf die Zukunft taucht ein Motiv immer wieder auf, das
mit beiden Zeitebenen und darüberhinaus auch mit dem Begriff der
Ehre aufs engste verbunden ist, nämlich das bevorstehende Duell
mit dem Doktor.

Zu Beginn der Novelle will Gustl ihm nur eine Lektion erteilen,   60
ohne größere Ansprüche an seine Körperlichkeit zu stellen: ›Warten S' nur, Herr Doktor, Ihnen wird's vergeh'n, solche Bemerkungen zu machen! Das Nasenspitzel hau' ich Ihnen herunter.‹ [8,7–9]

Solche Zielsicherheit hält freilich nicht lange vor. Noch während
des Oratoriums steigen bei abnehmendem Zorn mit den Frustratio-   65
nen auch die Ansprüche an den Duellausgang: ›Wart' nur, mein Lieber – bis zur Kampfunfähigkeit ... jawohl, du sollst so kampfunfähig
werden ...‹ [13,6–8]. Löbliche Vorsätze, die Bezweifler militärischer
Ehre mehr als nur mundtot zu machen!

Nach der Konfrontation mit dem Bäcker ist Gustl sich bewußt,   70
satisfaktionsunfähig zu sein [19,9], und befürchtet, die Sekundanten
könnten ihm ihr Mandat zurückgeben [20,33 f.]. Nach dem Tod des

Bäckermeisters und einer Nacht der verpaßten Gelegenheiten zu er-
baulicher Selbsterforschung aber liest man's anders: ›wart', mein
75   Lieber! Ich bin grad gut aufgelegt ... Dich hau' ich zu Krenfleisch!‹
[45,23–25]
Ich bin nicht der Meinung, daß dies ein Kreislauf ist, der in die
Anfangsphase mündet. Die Bedrohung des eigenen Lebens und die
Einsicht in die Richtigkeit der Aussage des Doktors haben Gustl
80   nicht zu abgeklärter Toleranz und Einsicht in menschliche Schwä-
chen geführt. Vielmehr führt der heimliche geistige Offenbarungs-
eid in dem Augenblick, wo die Fassade wieder intakt ist, zu erhöh-
tem Aggressionsstau und gesteigerter Brutalität der Kampfeslust.
Doch jetzt geht es nicht mehr um einen Ehrenhandel zwischen
85   zwei satisfaktionsfähigen Kontrahenten. Der Doktor, der laut Gustl
die Ehre der Armee verletzt hat, wird am kommenden Nachmittag,
ohne es zu wissen, einem nicht satisfaktionsfähigen Gegner gegen-
überstehen. [...]
Was Gustl als Ehrenhandel eigentlich nur aufgegriffen hatte, um
90   bei seinen Vorgesetzten Ehre einzulegen und Pluspunkte zu sam-
meln – denn seine persönliche Ehre war ja gar nicht angegriffen
worden – wird jetzt, da der ehrlose Gustl seine Verzweiflung, seine
Frustration und seine Aggressionen an einem unschuldigen Opfer
abzureagieren ansetzt, zu einer Racheaktion am falschen Objekt, ja
95   zu einem vorsätzlichen und brutalen Mord eines Ehrenmannes
durch einen Ehrlosen. Je weniger Anlaß besteht, auf seine eigene
Ehre zu pochen, um so radikaler und brutaler werden die Maßnah-
men, die nach außen hin der trügerischen Aufrechterhaltung des gar
nicht mehr Vorhandenen dienen.
100   Das ist das wahre Gesicht von Gustls Ehre. [...]
Schnitzlers Kritik am hohlen, oberflächlichen Ehrenkodex seiner
Zeit streitet nicht die Existenz eines idealen Ehrbegriffs ab, sondern
nur seine Relevanz für die zeitgenössische Gesellschaft, die sich in
veräußerlichten Konventionen und Verhaltensregeln Genüge tut,
105   ohne deren Grundbegriffe wie Ehre zu hinterfragen. Sonst wäre
selbst Gustl sicher darauf gekommen, daß im Verhalten des Bäckermeisters mehr Ehre und Würde lag als in seinem schrillen Schneid.
Wenn nun aber die Exerziergriffe der ›Ehre‹ eingepaukt werden,
ohne daß ihr Wesen befragt und hinterfragt wird, wenn es nur
110   noch, mit Fontanes Baron von Innstetten zu reden, das Gesell-
schafts-Etwas ist, das die Konventionen aufrechterhält, dann ist das
letzte Stadium solcher Veräußerlichung der Gesellschaft erreicht.

Der Verfall beginnt in dem Augenblick, wo die Konvention weiterbesteht, der Begriff Ehre aber pervertiert oder abhandengekommen ist, und das ist bei Leutnant Gustl der Fall. [115]

Man könnte hier aufhören und wäre glücklich, könnte man es. Aber die Geschichte hat wie jede gute Geschichte noch ein Nachspiel. Schnitzler, der selbst als Arzt den Rang eines Reserveoffiziers der k. u. k. Armee bekleidete, wurde drei Tage nach der Veröffentlichung des *Leutnant Gustl* in dem Offizierskreisen nahestehenden, konser- [120] vativen Blatt *Die Reichswehr* durch dessen Chefredakteur Gustav Davis heftig persönlich attackiert. Er reagierte darauf nicht, wie von einem Reserveoffizier zu erwarten war, mit einer Duellforderung, weil er zeitlebens Gegner des Duells und des Duellzwangs war. Auch einer dreifachen Vorladung vor einen militärischen Ehrenrat [125] leistete er keine Folge, weil er einem Militärgericht kein Urteil über seine literarischen Werke zubilligte. Daraufhin wurde er am 21. Juni 1901 wegen Verletzung der Standesehre seines ›Offizierscharakters‹ für verlustig erklärt‹.

Der Tragödie ist damit das Satyrspiel gefolgt. Gustl hat zurück- [130] geschlagen und gewonnen. Er behält, vor den Augen der Welt wenigstens, seine Offiziersehre und wird ihr im gleichen Sinne wie bisher Ehre machen. Der Doktor, der zur Ehrlichkeit mahnte, ist zu Krenfleisch verarbeitet, der Autor, der für Wahrhaftigkeit in Ehrensachen plädierte, seiner Offiziersehre entkleidet. Und man vermag [135] abschließend nur die Weisheit eines militärischen Ehrenrats zu bewundern, der erkannte, daß ein Ex-Offizier, der mehr ist als bloß Offizier, auch ohne seine Offiziersehre ein angesehener Mann sein kann, und der der Nachwelt den Autor Arthur Schnitzler erhielt und ihr einen Arthur Krenfleisch ersparte.« [140]

Gero von Wilpert: Leutnant Gustl und seine Ehre. In: Die Ehre als literarisches Motiv. E. W. Herd zum 65. Geburtstag. Hrsg. von August Obermayer. Dunedin: Department of German, University of Otago, 1986. (Otago German Studies. 4.) S. 131–136.

7. »... da pfeif' ich auf'n ganzen Antisemitismus!« – Antisemitische Entwicklungen in Militär und Gesellschaft

Schnitzler beschreibt seine Erfahrungen mit Antisemitismus in seiner Autobiografie *Jugend in Wien*:

Q »Im Riedhof hatten wir einen Stammtisch, an dem Louis Mandl und ich selten fehlten; auch Armin Petschek, ein braver, tüchtiger Kollege, [...] sowie der fleißige und gefällige Sigmund Dynes [...] nahmen meist an dem gemeinsamen Mittagessen teil; und als einziger
5 Zivilist Theodor Friedmann, [...] von dem mir aus der damaligen Zeit eine Äußerung, nicht so sehr durch ihre Bedeutung als durch den Eindruck, in Erinnerung geblieben ist, den sie auf uns Tischgenossen hervorbrachte. Es war vom Duell die Rede, und wir alle, ohne uns gerade als prinzipielle Anhänger dieser Sitte zu fühlen,
10 betonten aus unserem Studententum heraus und mehr noch als Einjährig-Freiwillige und künftige Reserveoffiziere unsere Bereitschaft, erforderlichenfalls ritterliche Satisfaktion zu geben. Nur Theodor erklärte, dass er sich unter keiner Bedingung schlagen würde, und zwar einfach darum, wie er auf unsere Frage lächelnd
15 erwiderte, weil er feige sei. [...] Die Frage war damals für uns junge Leute, namentlich für uns Juden, sehr aktuell, da der Antisemitismus in den studentischen Kreisen immer mächtiger emporblühte. Die deutschnationalen Verbindungen hatten damit begonnen, Juden und Judenstämmlinge aus ihrer Mitte zu entfernen; gruppen-
20 weise Zusammenstöße während des sogenannten ›Bummels‹ an den Samstagvormittagen, auch an den Kneipabenden, auf offener Straße zwischen den antisemitischen Burschenschaften und den freisinnigen Landsmannschaften und Corps, deren einige zum großen Teil aus Juden bestanden (rein jüdische schlagende Verbin-
25 dungen gab es damals noch nicht), waren keine Seltenheit; Herausforderungen zwischen Einzelpersonen in Hörsälen, Gängen, Laboratorien an der Tagesordnung. Nicht allein unter dem Zwang dieser Umstände hatten sich viele unter den jüdischen Studenten zu besonders tüchtigen und gefährlichen Fechtern entwickelt; müde,
30 die Unverschämtheit und die Beleidigungen der Gegenseite erst abzuwarten, traten sie ihrerseits nicht selten provozierend auf, und ihre immer peinlicher zutage tretende Überlegenheit auf der Men-

sur war gewiss die Hauptursache des famosen Waidhofener Be-
schlusses[1], mittels dessen die deutsch-österreichische Studenten-
schaft die Juden ein für allemal als satisfaktionsunfähig erklärte. Der   35
Wortlaut dieses Dekretes soll an dieser Stelle nicht übergangen
werden. Er lautete folgendermaßen: ›Jeder Sohn einer jüdischen
Mutter, jeder Mensch, in dessen Adern jüdisches Blut rollt, ist von
Geburt aus ehrlos, jeder feineren Regung bar. Er kann nicht unterscheiden zwischen Schmutzigem und Reinem. Er ist ein ethisch   40
tiefstehendes Subjekt. Der Verkehr mit einem Juden ist daher ent-
ehrend; man muss jede Gemeinschaft mit Juden vermeiden. Einen
Juden kann man nicht beleidigen, ein Jude kann daher keine Genugtuung für erlittene Beleidigungen verlangen.‹ Dieser sozusagen
offizielle Beschluss wurde allerdings erst einige Jahre später verkün-   45
digt [...]. Nicht immer, wenn es zu tätlichen Insulten gekommen
war, und ganz besonders, wenn sich Offiziersehre mit Studenten-
comment nicht in Einklang bringen ließ, konnte das Waidhofener
Prinzip so streng gewahrt werden, als es seinen Bekennern angenehm gewesen wäre; aber der Geist dieses Prinzips, die Idee, wenn   50
man so sagen darf, triumphierte auf der ganzen Linie und, wie man
weiß, nicht auf dieser Linie allein.«

Arthur Schnitzler: Jugend in Wien. Eine Autobiographie. Hrsg. von Therese
Nickl und Heinrich Schnitzler. Mit einem Nachw. von Friedrich Torberg.
Frankfurt a. M.: Fischer, 1981. S. 136–141. [Auszüge.]

1 Wohl der Beschluss des »Waidhofener Verbandes der Wehrhaften Vereine
   Deutscher Studenten in der Ostmark« vom 11. März 1893.

8. *Lieutenant Gustl*: Künstlerische Freiheit oder literarische Perversität?

Am 25. Dezember 1900 erschien *Lieutenant Gustl* und sorgte für einen Eklat: Das Militär fühlte sich und insbesondere den Offiziersstand provoziert und in Ehre und Ansehen angegriffen. Als Konsequenz wurde ein Gerichtsverfahren gegen den Reserveoffizier Schnitzler eingeleitet. Die Heftigkeit der Reaktion lässt vermuten, dass der Plausibilitätscharakter des Werkes hoch war – ein Leitartikel der dem Militär nahestehenden Tageszeitung *Die Reichswehr* macht dies deutlich:

Q »Das ist das literarische Denkmal des österreichischen Lieutenants, entworfen und ausgeführt von Herrn Schnitzler, im Geiste des ›Simplicissimus‹ und Otto Erich Hartlebens.[2] Dieses Gemisch von Unflat, niedrigster Gesinnung und Verdorbenheit des Herzens, von
5 Feigheit und Gewissenlosigkeit steckt Herr Schnitzler in eine österreichische Lieutenantsuniform und stellt es im Feuilleton der ›N. Fr. Presse‹ aus. Vierundzwanzig Spalten unter dem Strich, voller Gedankenstriche und – Strichgedanken, ein Panopticum von literarischen Perversitäten mit dem deutlichen Katalogvermerk: Der österreichische Militarismus in seiner heutigen Gestalt. Bravo, Herr
10 Schnitzler!«

Die Reichswehr. Morgenblatt, Nr. 2473. 28. Dezember 1900. S. 2.

Die *Neue Freie Presse*, die Tageszeitung, in der Schnitzlers Novelle veröffentlicht worden war, stellte sich trotz des juristischen Nachspiels auf Schnitzlers Seite und berief sich dabei auf ein gesellschaftliches Grundrecht.

Q »[...] Gustl ist rauh, oft derb geschildert, naturalistisch, mit starken Farben und Worten. Aber er wächst vor unseren Augen im Unglück; er verrät die Erziehung durch das gute Beispiel vornehmer Gesinnung bei den Eltern und durch die Eindrücke der großen
5 Schule des Charakters, welche die österreichische Armee und das österreichische Offizierscorps stets waren und nie aufhören werden

---

2 Otto Erich Hartleben (1864–1905), deutscher Erzähler, Lyriker und Dramatiker, der in seiner »Offiziers-Tragödie« *Rosenmontag* (1900) den rigiden Ehrenkodex und das Standesdenken des wilhelminischen Kaiserreichs kritisierte.

zu sein. Wirklich, es ist unsere volle Überzeugung, dass Schnitzler den Offiziersstand nicht verletzt hat und dass diese irrige Meinung schwer zu erklären ist und vielleicht erst entstehen kann, wenn einzelne Sätze oder Worte ohne jeden Zusammenhang mit dem Ganzen, ohne jede Fühlung mit dem starken Zuge der Novelle betrachtet oder gedeutet werden.

Gesetzt den Fall, Lieutenant Gustl wäre kein würdiger und nach militärischen Begriffen kein achtbarer Offizier gewesen. Sollte einem österreichischen Schriftsteller verboten sein, was einem Ausländer im ›Rosenmontag‹ vor dem Publikum des Burgtheaters gestattet wird, ganz unbefangen die jeder gesellschaftlichen Klasse eigenen Fehler schildern zu dürfen, ohne den Vorwurf fürchten zu müssen, dass der ganze Stand verletzt worden sei? Zu welchen Folgerungen führt diese Beschränkung der künstlerischen Freiheit? Die ängstlichsten Hoftheater können nicht verhüten, dass die Gestalten böswilliger Minister und sogar schlechter Fürsten auf die Bühne kommen, und was sollte aus der dramatischen Literatur werden, wenn durch Verallgemeinerung der Schluss gezogen würde, der Fürstenstand sei verletzt worden. [...]

Der Ehrenrat war zweifellos bemüht, einen militärischen Standpunkt einzunehmen, aber das Ergebnis ist doch eine literarische Zensur. Zu den Gründen des Urteils gehört die Ansicht des Ehrenrates, dass der Offiziersstand durch Inhalt und Fassung einer Novelle verletzt sei. Daraus entspringen höchst wichtige Konsequenzen in einem Lande der allgemeinen Wehrpflicht, wo ein großer Teil der Schriftsteller im Alter der stärksten schöpferischen Kraft die Charge von Offizieren hat. Die künstlerische Freiheit wird damit aufgehoben, denn die Grenzen für die Beschlüsse des Ehrenrates sind nicht leicht zu bestimmen, weil sie auf sämtliche Handlungen und die ganze Persönlichkeit des Offiziers sich erstrecken können. Gibt es da eine Bürgschaft, dass politische und soziale Meinungen, die vom Bestehenden abweichen oder sich gegen die geltenden Einrichtungen wenden, nicht ebenfalls vor diesen Richterstuhl gebracht und dem Begriffe der militärischen Ehre untergeordnet werden? Viele hundert Männer verlieren plötzlich die geistige Selbstständigkeit und literarische Unabhängigkeit, die ihnen das Strafgesetz und die dramatische Zensur noch gelassen haben. [...]«

Neue Freie Presse. Morgenblatt, Nr. 13226. 21. Juni 1901. S. 1.

Über den Ausgang des Prozesses erfuhr Schnitzler selbst erst durch
die Zeitung: Er wurde seines »Offizierscharakters für verlustig« erklärt und vom Reserveoffizier zum Sanitätssoldaten degradiert.

Abb. 4: Arthur Schnitzler in Militäruniform. Fotografie, 1882

9. »Dich hau' ich zu Krenfleisch!« – Das Duell als Mittel zur Sühne?

Elisabeth Madlener reflektiert in ihrem Essay, welche Vorstellung von Recht dem Duellwesen zugrunde liegt, und zeigt, wie es sich mit diesem zwischen ursprünglicher Intention und tatsächlicher Handhabung zu Schnitzlers Zeiten verhielt.

»Das Duell ist inzwischen außer gesellschaftlichen Gebrauch geraten, weshalb es möglicherweise erklärungsbedürftig geworden ist. Wenn Duellanten über den Ehrenkodex die Grenze der ›guten Gesellschaft‹ zu bestimmen versuchten, so orientierte diese sich nicht in erster Linie an der sozialen Differenzierung von Adel und Bürgertum, sondern wurde von der ehrlosesten aller Eliten, der militärischen, bestimmt, die ›unter Gleichen‹ direkte Gewalt monopolisierte. Dem Duell [...] liegt eine Rechtsvorstellung zugrunde, die die Wahrheit auf der Seite dessen sieht, der besser schießt. Ein Recht hat dem anderen zu weichen, wie eine Person der anderen. Dem Offizier, wie etwa Leutnant Gustl, dürfte das Duell mit einem sozialdemokratischen Rechtsanwalt als besonders pikantes Unternehmen erscheinen, da dieser übers Recht gewiß eine andere Auffassung vertritt als eben jene archaische, die die persönlich ausgeführte Bestrafung einer objektivierten Prüfung des Streitfalls vorzieht und zudem das eindeutige Ergebnis als Urteil ansieht. [...]

Das Duell wurde von Staats wegen verboten, seit absolutistische Fürstengewalt sich mit zentralisierter Rechtssprechung gegen die lokale Anarchie des Adels durchzusetzen versuchte. Gleichzeitig sollte mit der Einrichtung stehender Heere dem Unwesen, das Regimenter im Frieden zur Blüte trieben, ein Ende gesetzt werden. Daß dies weitgehend mißlang, liegt zum Teil daran, daß bei allem Interesse am sozialen Frieden auf latente Aggressionsbereitschaft nicht verzichtet werden konnte, die im Kriegsfall jeglichem Interesse zur Verfügung stehen sollte, gerade weil sie nach Legitimität nicht fragt. Zum anderen verteidigte der Adel umso vehementer seine privaten Ansprüche aufs Gewaltmonopol, je stärker die Zentralgewalt ihren Machtanspruch zu entfalten versuchte. Gesetzliche Regelungen, die staatlich legalisierten Konzessionen an die Duellpraxis der Offiziers, wurden straflos übertreten, und 1884 erklärte der Kriegsminister Graf Bylandt-Reidt in einer Sitzung des öster-

reichischen Reichsrates: ›Ich bin nicht in der Lage, gegenwärtig in
dieser Beziehung etwas zu veranlassen, weil ich ja in direkten Wi-
35 derspruch mit den Begriffen und Anschauungen des ganzen Offizierskorps treten würde.‹ [Zit. nach: Gustav Ristow, *Ehrenkodex*,
Wien 1909, S. XXVI.]

Dieses Eingeständnis ist weniger ein Hinweis auf Staatsschwäche
als einer auf gesellschaftliche Machtverteilung, die Österreich zu
40 Ende des 19. Jahrhunderts bestimmte. Wenn das Bürgertum seinen
Anspruch an politischer Teilhabe nicht durchsetzen konnte, so
ebensowenig seine bürgerliche Rechtsidee. Hingegen hatte es sich
die Zugehörigkeit zum Sonderstatus der militärisch feudalen Elite
erworben, als Österreich eine preußische Erfindung importierte, die
45 es erlaubte, daß die Mitglieder der bürgerlichen Oberschicht nach
einer einjährigen freiwilligen Dienstleistung bei der Armee als Reserveoffiziere entlassen wurden und dabei den Status des Berufsof-
fiziers samt seiner Satisfaktionsfähigkeit ins Zivilleben hinüberret-
ten durften. [...]

50 Das Duell gerät im Zuge seiner Verbürgerlichung sogleich in Ver-
ruf und erleidet seinen eigenen Wertzerfall, was wiederum den Bürger dazu bringt, auf der ehemaligen Exklusivität des Duells zu bestehen [...]. Kritische Geister wie beispielsweise der Historiker
Georg von Below bezeichnen ›die verbreitete Meinung von dem
55 deutsch-ritterlichen Ursprunge des Duells als Legende‹ [G. v. B., *Das
Duell in Deutschland. Geschichte und Gegenwart*, Kassel 1896, S. 3]
und konstatieren, daß bereits im 19. Jahrhundert von seiner Ehrbar-
keit gezehrt wird, da es in den meisten Fällen zweideutige und un-
moralische Affären heiligen sollte. [...]

60 Wenn nun das, was sich satisfaktionsfähige Oberschicht nennt, in
erster Linie ein Produkt militärischer Verteilung von Ehre und Gewalt ist, so ließe sich eine zunehmende Militarisierung der österreichischen (männlichen) Zivilbevölkerung behaupten, vor allem
dann, wenn sie fortwährend in zahllose Liebesverhältnisse ver-
65 strickt war. Im Konkreten allerdings ist kaum auszumachen, wie
viele Duellanten aneinander vorbeigeschossen haben, weil sie
nur widerwillig der Duellpflicht nachkamen. Gerade Schnitzlers
Protagonisten unterwerfen sich nur halben Herzens militärischen
Normen.

70 Doch was für die Wirklichkeit nicht recht taugt, eignet sich be-
kanntlich umso mehr fürs abenteuerliche Phantasieren. Arthur
Schnitzler, der sich bei einer Umfrage zwar gegen den Duellzwang,

nicht aber gegen das Duell selbst ausspricht, bedient sich des letzteren zur Darstellung dessen, was das Liebesleben in Todesnähe rückt.«

75

Elisabeth Madlener: »... Die Duellfrage ist in ihrem Kern eine Sexualfrage.« In: Début eines Jahrhunderts. Essays zur Wiener Moderne. Hrsg. von Wolfgang Pircher. Wien: Falter-Verlag, 1985. S. 172–175.

Schon zu Schnitzlers Lebzeiten wurde die Praxis, Duelle als Mittel zur Wiedergutmachung einer Ehrverletzung einzusetzen, kritisch hinterfragt und als archaisch empfunden.

Schnitzler machte seine diesbezügliche Haltung nicht nur in literarischen Werken, sondern auch in Tagebuchaufzeichnungen und Bemerkungen in seiner Biografie *Jugend in Wien* deutlich:

»29/5 [1896] [...] Salten im Kfh., hat sich gestern mit einem gewissen Jacobsohn auf Säbel mit Binden und Bandagen geschlagen, leichte Schädelwunde (Grund, Journalistenhechelei). Wie dumm und bestialisch. Trotzdem hab ich doch immer einen leichten Neid, auf den, der sich geschlagen hat.«

Q

5

Arthur Schnitzler: Tagebuch 1879–1892. [Hrsg. von] Werner Welzig. Wien: Verlag der Österreichischen Akademie der Wissenschaften, 1987. S. 193 f.

»Unter den sonstigen Freunden stand mir immer noch Richard Tausenau [1861–1893] am nächsten, der mir wie durch sein Wesen so auch durch seine Erlebnisse der merkwürdigste blieb. Vor kurzem war ihm eine Geliebte gestorben, die Maitresse eines polnischen Abgeordneten, mit dem er um dieser Frau willen beinahe ein Duell oder, wie er sich elegant und beiläufig ausdrückte, eine Schießerei gehabt hätte. Vom Begräbnis aus kam er geradenwegs ins Arkadencafé, setzte sich zu uns an den Spieltisch und nahm ohneweiters an unserer Pokerpartie teil, was wir mit missbilligendem Schauer, aber respektvoll geschehen ließen.«

Q

5

10

Arthur Schnitzler: Jugend in Wien. Eine Autobiographie. Hrsg. von Therese Nickl und Heinrich Schnitzler. Mit einem Nachw. von Friedrich Torberg. Frankfurt a. M.: Fischer, 1981. S. 265 f.

Auch an einer Umfrage zum Thema Duell beteiligte sich Schnitzler; seine Antwort wurde zu Lebzeiten jedoch nicht veröffentlicht.

Q »Die Beziehungen zwischen zwei Menschen, die zu einem Zwei-
kampf führen können, sind sehr vielfältiger Natur und ebenso viel-
fältig die Bedeutung, die dem Duell als Abschluss der Beziehungen
zwischen zwei Menschen zukommt.

5 Diese menschlichen Beziehungen haben mit allen anderen, wie
z. B. Ehe, Liebe, Freundschaft, außer ihrer Vielfältigkeit auch das
gemeinsam, dass den außenstehenden Menschen ein wirklicher
Einblick in sie verwehrt ist und dass daher jede Einmischung von
anderer Seite unerlaubt, ungebührlich, ja vielleicht unsittlich er-
10 scheint, solange es sich eben ausschließlich um diese Beziehungen
an sich handelt und nicht um den Einfluss, den sie eventuell auf die
Existenz Unbeteiligter zu nehmen imstande sind.

Es ist also nicht nur töricht, sondern sogar unverträglich mit dem
Recht der Selbstbestimmung zwei Individuen, deren Beziehungen
15 sich dahin entwickelt haben, dass sie das unabweisbare Bedürfnis
empfinden, sich mit den Waffen in der Hand gegenüberzustehen
oder einer den andern zu töten, an der Ausführung dieses Vorsatzes
zu hindern. Gegen Duellanten also, die sich freiwillig gestellt und
solche, die den Gegner nicht in irgendeiner Art zum Duelle ge-
20 zwungen haben, dürfte von staatswegen niemals etwas unternom-
men werden, selbst wenn das Duell einen unglücklichen Ausgang
hatte. Hier erst setzt die Frage ein; nicht um das Duell, sondern um
den Duellzwang handelt es sich. Und zwar nicht um den augenfäl-
ligen Zwang, gegen den einzuschreiten eine verhältnismäßig ein-
25 fache Sache wäre, sondern um die vielfachen Formen des uneinge-
standenen, unaufrichtigen, gefährlichen Zwanges, der in unseren
gesellschaftlichen Zuständen begründet ist.

Bei oberflächlicher Betrachtung könnte man beinahe glauben,
dass es einen Zwang zum Duell wenigstens für Zivilisten überhaupt
30 nicht gibt, wie denn die Duellfrage im Offiziersstande hier schon
darum außer acht gelassen werden soll, weil jeder, der diese Karriere
einschlägt, ebenso gut weiß, welchen Anschauungen und Gesetzen
er sich damit unterworfen hat […].

Anders aber steht es beim Zivil. Hier kommt es jeden Tag vor,
35 dass Leute auch ohne Absicht in Kreise geraten, wo Anschauungen
herrschen, in denen der Duellzwang notwendig inbegriffen ist. Solange Leute als feig gelten werden, die eine Duellforderung ableh-
nen und solange Leute den Vorwurf dieser sogenannten Feigheit als
diffamierend empfinden werden, solange wird auch der Duell-
40 zwang bestehen. Keine behördliche Verfügung, kein Gesetz wird die

Macht haben, jemanden, der einen andern wirklich oder im Sinne der geltenden gesellschaftlichen Anschauungen beleidigt hat, davor zu schützen, dass er eine Ohrfeige bekommt. Und solange diese Ohrfeige ihre innerhalb der Gesellschaft nun einmal feststehende symbolische Bedeutung behält, wird keine behördliche Verfügung die Macht besitzen, den Geohrfeigten glauben zu machen, dass sein Beleidiger durch eine Geldstrafe von fünf bis hundert Gulden oder selbst durch Arrest von vierundzwanzig Stunden genügend bestraft und damit seine, des Gezüchtigten Ehre wiederhergestellt weiß. So wird also diese Ohrfeige, wenn andere Mittel versagen, in all den Kreisen, wo sie eben als Symbol gilt, einen absoluten Zwang zum Duell bedeuten.

Es ist also unbedingt erforderlich, diese Beleidigung innerhalb von Kreisen, wo sie eben mehr bedeutet als sich selbst, mit einer Strafe zu belegen, die dem symbolischen Ernst der Beleidigung angemessen ist; unter Umständen mit schweren Kerkerstrafen.

Ebenso streng müsste der Vorwurf der Satisfaktionsunfähigkeit gestraft werden, der gegen den Duellverweigerer öffentlich erhoben würde, denn es ist sehr wohl der Fall zu denken, dass jemand einmal mit guten Gründen ein Duell abgelehnt hätte und ein anderes Mal aus ebenso guten Gründen die Nötigung empfände, selbst jemanden zum Duell herauszufordern.

Die Forderung an sich aber dürfte niemals strafbar sein. Sie hätte nichts anderes zu bedeuten und dürfte nicht in anderem Sinne aufgefasst werden als die Frage: willst du dich mit mir schlagen? – eine Frage, auf die die Antwort dem andern völlig frei stünde und auch eine abschlägige keinerlei diffamierende Folgen für den Duellverweigerer mit sich brächte, woraus die einfache Folgerung resultiert, dass man auch den Fordernden für ein Ja des Geforderten in keiner Weise verantwortlich machen dürfte.

Auch von prinzipiellen Duellgegnern hört man immer wieder die Ansicht aussprechen, dass es immerhin Fälle gibt, wo das Recht, jemanden zum Duell zu provozieren, unbedingt zuerkannt werden müsste. Und als Lieblingsbeispiele werden immer wieder solche Fälle gewählt, in denen es sich um Verführung der Gattin oder der Schwester handelt. Und doch liegt hier die Sache nicht anders als in sämtlichen anderen Fällen, bei denen sich irgend jemand beleidigt fühlt. Ist der sogenannte Verführer geneigt, auf das Duell einzugehen, so möge es stattfinden und – wie immer der Ausgang sei – straflos bleiben. Ist aber der Beleidiger nicht geneigt, die verlangte

Satisfaktion zu geben, so wäre der Versuch, ihn zu einem Duell zu zwingen, mit der gleichen Schärfe zu ahnden, wie in jedem andern Fall. Natürlich müsste dem Gatten oder dem Bruder Gelegenheit geboten werden, sich auf andere Weise Genugtuung zu verschaffen, auf die er nach unseren heute noch bestehenden bürgerlichen Anschauungen ein Recht beanspruchen kann. Doch besteht ein solches Recht überhaupt viel seltener als man heute noch zugibt, es sei, man wollte ausdrücken, dass auch schon der verletzten Eitelkeit ein Recht auf Genugtuung zustünde.«

Arthur Schnitzler: Aphorismen und Betrachtungen. Hrsg. von Robert O. Weiss. (Gesammelte Werke.) Frankfurt a. M.: S. Fischer, 1967. S. 321–323.

Literaturhinweise

Zu Arthur Schnitzler allgemein

Fliedl, Konstanze: Arthur Schnitzler. Stuttgart: Reclam, 2005.

Scheible, Hartmut: Arthur Schnitzler. Mit Selbstzeugnissen und Bilddokumenten. Reinbek bei Hamburg: Rowohlt, [14]2007.

Zu *Lieutenant Gustl*

Aurnhammer, Achim: Lieutenant Gustl. In: Interpretationen. Arthur Schnitzler: Dramen und Erzählungen. Hrsg. von Hee-Ju Kim und Günther Saße. Stuttgart: Reclam, 2007. S. 69–88.

Leis, Mario: Lektüreschlüssel XL. Arthur Schnitzler: Lieutenant Gustl. Stuttgart: Reclam, 2020.

Polt-Heinzl, Evelyne: Erläuterungen und Dokumente. Arthur Schnitzler: Lieutenant Gustl. Stuttgart: Reclam, 2009.

Schmidt-Dengler, Wendelin: Arthur Schnitzler: Leutnant Gustl. In: Interpretationen. Erzählungen des 20. Jahrhunderts. Bd. 1. Stuttgart: Reclam, 1996. S. 21–37.

Zur Jahrhundertwende in Wien

Karthaus, Ulrich (Hrsg.): Impressionismus, Symbolismus und Jugendstil. Stuttgart: Reclam, 1977 [u. ö.]. (Die deutsche Literatur. Ein Abriß in Text und Darstellung. Bd. 13.)

Die Wiener Moderne. Literatur, Kunst und Musik zwischen 1890 und 1910. Hrsg. von Gotthard Wunberg unter Mitarb. von Johannes J. Braakenburg. Stuttgart: Reclam, 1981.

Zweig, Stefan: Die Welt von Gestern. Erinnerungen eines Europäers. Hrsg. von Klemens Renoldner. Stuttgart: Reclam, 2020.

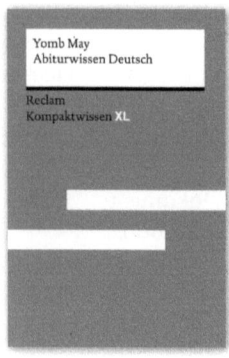